晋江·台湾同名村

晋江市台湾同胞联谊会
晋江市社会科学界联合会　编
中共晋江市委党史和地方志研究室

九州出版社
JIUZHOUPRESS

图书在版编目（CIP）数据

晋江·台湾同名村 / 晋江市台湾同胞联谊会，晋江市社会科学界联合会，中共晋江市委党史和地方志研究室编. -- 北京：九州出版社，2022.3

ISBN 978-7-5108-1325-2

Ⅰ. ①晋… Ⅱ. ①晋… ②晋… ③中… Ⅲ. ①地名—研究—晋江②地名—研究—台湾 Ⅳ. ①K925.73 ②K925.8

中国版本图书馆 CIP 数据核字(2022)第 022060 号

晋江·台湾同名村

作　　者	晋江市台湾同胞联谊会　晋江市社会科学界联合会　中共晋江市委党史和地方志研究室　编
责任编辑	毛俊宁
出版发行	九州出版社
地　　址	北京市西城区阜外大街甲 35 号(100037)
发行电话	(010)68992190/3/5/6
网　　址	www.jiuzhoupress.com
印　　刷	泉州市精彩数字印刷有限公司
开　　本	787 毫米 × 1092 毫米　16 开
印　　张	14
字　　数	205 千字
版　　次	2022 年 3 月第 1 版
印　　次	2022 年 3 月第 1 次印刷
书　　号	ISBN 978-7-5108-1325-2
定　　价	78.00 元

序

汪毅夫

福建与台湾隔着一道台湾海峡，相距最近处仅120公里。自古以来两地关联密切，人民往来频繁。以泉州与澎湖、晋江与澎湖为例，宋人王象之《舆地纪胜》引宋宣和二年(1120年)泉州太守陆藻《修城记》记："泉距京师五十有四驿，连海外之国三十有六岛。""三十有六岛"即"三十六岛"，指澎湖；"连"即行政上的连接关系。宋人赵汝适《诸蕃志》记："泉州海岛曰澎湖，隶晋江县。"明修福建省志《闽书》引"宋志"记："澎湖屿在巨浸中，凡岛三十六"，"有争讼者，取决于晋江县"，"府外贸易，岁数十艘，为泉州外府。其人夜不敢举火，以为近琉球，恐其望烟而来作犯。王忠文为守时，请添屯永宁寨水师守御"。王忠文即王十朋，宋乾道四年(1168年)为泉州太守。《宋史》之《汪大猷列传》记：宋乾道七年(1171年)，泉州太守汪大猷在澎湖"作屋二百区"并"遣将留屯"。元人汪大渊《岛夷志》记：澎湖"岛分三十有六"，"泉人结茅为屋居之"，"地隶泉州晋江县，至元间立巡检司"。明代末年，郑成功在台湾"建承天府，置天兴、万年二县，改一鲲身为安平镇，安平为泉州安海之别称，延平起师之地也，入台之后，又建桔秩门，以存故土之念"。

郑成功"改(台南)一鲲身为安平镇"，将福建地名移植于台湾，"以存故土之念"也。清代咸丰年以前，台湾社会属于移民社会，"地缘组合"为其基本的社会结构。来自同一地缘的移民相聚而居，往往将原籍地名移植于台湾，为的也是"存故土之念"，闽台两地由此而有为数众多的同名村。

2016年12月2日，时任中华全国台湾同胞联谊会会长汪毅夫（中）在厦门会见泉州市台湾同胞联谊会会长陈严晖（右）、晋江市台湾同胞联谊会会长吴朝晖（左）并合影留念

晋江市台湾同胞联谊会、晋江市社会科学界联合会、中共晋江市委党史和地方志研究室就晋台同名村做文章，组织发动各同名村乡亲从亲闻亲见亲历的角度，讲述和记录晋台同名村交往的故事，编纂成这本图文并茂的《晋江·台湾同名村》。读者从中既可以领教两岸一家、两岸同属一个中国的历史和法理事实，又可以体会海峡两岸人民血浓于水的骨肉情谊。

本书主撰粘良图是我结识多年的学界友人，他勤勉、严谨的治学态度令人感佩。

（作者系厦门大学台湾研究院讲座教授、全国台湾研究会副会长）

目录

导 读

为了贯彻落实习近平总书记在《告台湾同胞书》发表40周年纪念会上的重要讲话精神，秉承“两岸一家亲”的理念，从基层做起，推动晋台民间交流，经晋江市台湾同胞联谊会、晋江市社会科学界联合会、中共晋江市委党史和地方志研究室协商研究，决定共同编纂出版《晋江·台湾同名村》一书。几个月来，在本市各镇(街道)调查摸底，确定一批在海峡两岸有着相同地名、历史上有密切联系的村(镇)，并组织这些村镇的知情人士撰写相关文章或口述历史，进一步明确晋台两地血浓于水、休戚与共的历史情缘。

一、晋江是台胞主要的祖籍地

晋台关系源远流长。两地相隔台湾海峡，相距不过137海里，早时的木帆船顺风一昼夜便可到达。澎湖列岛从宋代至明代都归晋江县管辖。从晋江钱江施氏族谱等资料中可知，钱江施氏的祖叔、唐元和年间进士施肩吾因中原战乱偕族人入闽，遂迁居澎湖，留有《咏澎湖》一诗；该谱还记载，明洪武年间，为逃避征戍边兵，族人施泰曾逃难到台湾北港。据统计，到明中叶，泉漳人士到台湾的已达数千人，其中多有晋江人。

明清之际，晋江有3次渡台高潮：

明崇祯年间，泉地灾荒，民不得食，时驻晋江安平的总兵官郑芝龙向福建巡抚熊文灿建议，组织泉地灾民到台湾开拓耕种，“招饥民数万，人给银三两，三人与一牛，载至台湾，令其垦田筑屋，秋成所获，倍于中土，以是来者岁多”。

清顺治十八年(1661年)，郑成功为获得抗清基地，从闽南率师东渡，收复被荷兰殖民者占据多年的台湾，并将荷兰人建筑的热兰遮城改名“安平城”，以

● 郑芝龙画像

● 郑成功画像

● 施琅画像

此纪念他从小居住、最先举义的根据地晋江安平(安海)。郑成功带去的兵士数万,大多是闽南人,许多晋江百姓不堪清军“迁界”(当时清军为阻断沿海百姓与郑军的交往接济,命北起山东、南至广东沿海30里的居民内迁，成为无人区，而闽南沿海禁令最为严厉，百姓受害最为惨重),随郑军前往。据统计,郑氏治台时,台湾人口增至20万。

清康熙二十二年(1683年),晋江人、福建水师提督施琅率兵攻下台湾，迫使台湾郑氏集团投降,统一台澎于清朝版图。台湾统一后,“海禁”开放,缺乏土地的泉漳百姓纷纷前往气候温暖、土地肥沃、适于农耕的台湾开拓垦殖,而当时在台湾拥有一定数量封地的施琅、吴英等征台将领,也须用大量人力来开垦种植,这就使得许多晋江人捷足先登,渡台开拓。

族谱资料表明，当时晋江沿海一些贫弱农户,纷纷前往台湾,去台的青壮年常达家族人丁的十之五六。而一些富有人家也在台湾投资垦荒、修建水利,如晋江人施世榜、吴洛、张士箱、陈仁愿、周家、林耳顺、林详等皆为当时的垦殖大户。台湾著名的水利工程八堡圳就是安平人施世榜主持修造的。据统计,至清道光年间“全台垦熟田园凡有三万八千一百余甲（每甲折十一亩三分一厘),又三千二十一顷五十亩”,比清康熙年间多出数倍。

台湾农业发展,有大量稻谷、蔗糖及其他土产出口，吸引商家来往贸易。拥有“三湾十二港”、历来有海上贸易传统的晋江人趋之若鹜。如《台湾通史·商务志》所记：“洎乾隆间，贸易甚盛，出入之货岁率数百万元，而三郊为之主……各拥巨资，以操胜算。南至南洋，北及天津、牛庄、烟台、上海，舳舻相望，络绎于途，皆以安平为往来之港。而南之旗后，北之北港，亦时有出入。四十九年(1784年)许开鹿港，五十七年(1792年)，又开八里坌港，以与泉州互市，而商业乃渐及台北。”开放台湾鹿港与晋江蚶江对渡后，蚶江对台贸易的商号多达近百家，每日进出货船达300余艘。东石港的商号有四五十家，贸易船只多达200余艘。安海、围头、深沪、陈埭等港口也同样繁盛。与台湾商贸往来的商号都在台地设有店铺，派员前去管理。

● 八堡圳

随着台地经济的繁荣，文教也兴盛起来，于是有许多晋江士人渡台教书或读书、应试。当兵戍守台湾的晋江人亦复不少。

由是，晋江每一个族姓都有族人迁台的记录。像号称“小泉州”的台湾鹿港，居民三大姓施、黄、许，全部来自晋江。像晋江福全何氏、卓姓、刘姓等小姓家族，年轻人几乎都往台谋生，为了顾及家族祭祀，只得再商拨一人回乡居住。又像晋江东石型厝道泰祖宇碑志所记：“德联公下，生子七人，六人往台，余留本里。”许多至今在地方流传的俗语，像“台湾钱，淹脚目”“台湾香蕉恰大条”“博输缴谤台湾反”“脱赤脚的逐鹿，穿鞋的吃鹿肉”，都反映出晋台两岸的密切往来。

● 围头古码头

晋江人迁金门的历史可以上溯到更早。金门与晋江同属泉州，从晋江南端的围头到大金门岛的水路不到30里，真正是一水之隔。两地的族谱表明，宋代迁金湖的陈姓，迁金沙镇山后村顶堡、中堡的王姓，元代迁金沙镇山后村的梁姓，元代迁金沙镇后山的陈氏，明代迁往金宁镇安岐村下吴的吴姓等，都是自古迁往金门开拓住居的晋江族姓。

晋江人成为台湾开拓的主力军，在一些晋江籍迁台移民新开发聚居的地方，用家乡的地名来命名，便形成晋台同名村这种现象。晋台同名村是晋台血缘关系的一种缩影、一种象征。

二、晋台同名村的形成

早年过台湾的先民，要渡过波涛汹涌的台湾海峡，相当危险，筚路蓝缕开拓荒野，生活环境、劳动条件又十分恶劣，故有“十去六死三留一回头”的说法。而晋江俗语有“打虎捉贼亲兄弟”之说，往台开拓者往往利用同乡、同族(晋江的乡村多是一村一姓聚族而居)的关系，兄弟叔侄结伴而行，抱团取暖，以便齐心协力、同舟共济，战胜所遇到的艰难险阻。中国人本来就很看重个人与乡土的关系，在异地他乡生活，思乡的观念便愈加浓烈，故当年渡台者每到一处新开发的土地上立足安居，常会相约以家乡的地名来命名，以此慰藉思乡之情，也借此加强同乡同族之间的凝聚力。像晋江市梅岭街道许厝社区迁居台湾云林县麦寮乡许厝寮的族裔，为了纪念祖家，不但将村名称为“许厝”，还将海滩称为“许厝海滩”，桥称为“许厝桥”，池塘称为“许厝渔港”，路称为“许厝路”“许厝东路”“许厝南”。如此互相效仿，便就有了许许多多两岸同名村(镇)。

目前整理出来的,有下列这些晋台同名村(镇):

晋江地名	台湾地名	开发年代
安海(安平)镇	台南市安平区	清康熙初年
东石镇区	嘉义县东石乡 彰化县鹿港镇东石里	清康熙初年
池店镇潘湖村	台北市(艋舺)万华潘湖渡头	清康熙年间
灵源街道林口社区	新北市林口区林口里	清康熙年间
东石镇郭岑村	嘉义县布袋镇郭岑村 台南安南区土城郭岑寮	清康熙年间
东石镇白沙(碧沙)村	嘉义县布袋镇岑海里碧沙路	清乾隆年间
东石镇麦园(玉园)村	台南市北门乡蠔仔寮(玉园)庄	清乾隆年间
东石镇岑兜(岑海)村	嘉义县布袋镇岑海里	清康熙年间
东石镇型厝村	嘉义县东石乡型厝村	清乾隆年间
龙湖镇粘厝埔村 龙湖镇衙口村粘厝	彰化县福兴乡顶粘村、下粘村	清乾隆年间
龙湖镇石龟村许厝	彰化县鹿港镇许厝埔	清乾隆年间
龙湖镇埔头村	彰化县鹿港镇埔头街	清道光年间
梅岭街道许厝社区	云林县麦寮乡许厝寮	清康熙年间
安海镇前埔村(许厝)	新北市新庄西盛里许厝	清乾隆年间
英林镇谢厝街村	云林县口湖乡谢厝寮	清乾隆年间
金井镇新市村	台南市新市乡	清乾隆年间
金井镇湖厝村赤埕	新北市林口区湖北里赤埕	清道光年间
陈埭镇江头村竖旗柱	彰化县鹿港镇协源丁氏竖旗柱	清道光年间
深沪镇运伙村吕宅	彰化县埔盐乡新水村吕宅	清嘉庆年间
深沪镇后山社区	金门县白沙镇碧山(后山村)	元代

通过所列的资料可以看出，晋台同名村大多是从晋江沿海乡村分派前往的，内地乡村去的比较少，因为沿海的百姓更缺乏土地，而且渡台条件更为方便。根据他们的生活习性和生产特点，到台湾后也大部分居住在台南、嘉义、彰化沿海一带，半耕半渔或以渔、盐为生。大部分同名村肇始的时间多在清初康熙、乾隆年间，这正与台湾开发垦拓的历史吻合，即盛行于清初康熙、乾隆年间，由南向北发展。由此也可以证明，晋江人是先期开拓台湾的主力军。

其实，晋台的同名村远不止上述这些，只是经过两三百年，台湾的人口流动、时局变迁、行政区划的改变，种种因素使一些村落拼合或者消失湮没；一些村落的名字更改变动；又有一些同名村因海峡两岸长期阻隔，缺乏交流往来，信息不通。比如台湾云林县编的《庄头故事》中介绍以林姓为主的后安村历史："本村开拓最早始于乾隆二十七年(1762年)，先民于福建省泉州府晋江县第十三都后安寮的后山，渡海来台，最早由今日海丰村一带登陆，后落脚本村定居，为纪念故乡，将本地命名为'后安'。"据此，笔者走访晋江市金井镇石圳村后安自然村，该村以林姓为主，且有后山这个房分。翻阅林氏族谱，发现其族人在清乾隆年间往台者颇多，可以确证该村就是云林县后安村的祖里。但是至今两地没有沟通往来。又有晋江市金井镇三坑村坑园自然村，曾经有过台湾同名村许姓来查问过，但无果而归。还有如《两岸埔头一脉连》一文提到的鹿港后宅、石厦等村落，都可以在晋江市龙湖镇找到相同的地名，其渊源都值得进一步探究。期望日后进一步搜集相关资料，以丰富本书的篇章。

本书收入关于台湾鹿港丁氏竖旗柱和彰化县埔盐乡新水村许氏吕宅两篇，从严格意义上来说是不够村这个级别的，但考虑其内容的典型性、代表性，仍予以收入，尚祈读者理解。

三、晋台同名村的交往

中国人历来重视木本水源，认为同姓宗亲出自一个祖宗，"500年前是一家"，都是血肉相连的兄弟。特别是在闽南，每个族姓都修有族谱，用来记录家族的传衍，并借以联结宗亲的情谊。从现存族谱资料得知，晋江每个家族都记录有迁台族人的信息。只是当年渡台垦拓者倘若居住分散，便难以与祖里取得经常联系，或祖里修谱时没能及时提供台地族人的信息，就会造成两岸宗族关系的疏离。而多数晋台同名村都很重视族谱的纂修和传承，一直保持着两岸密切的交往。根据这次提供的同名村资料可知，晋江市东石镇型厝村《梅林蔡氏宗谱》在清嘉庆、同治年间两次修谱，事先族中都派人到台湾收集族人传衍的材料，编入族谱，因而保存着大量族人往台、住台的记录。晋江市东石镇郭岑村郭姓在清代每逢修谱都会派人到台湾，征集迁台族人婚嫁传衍的信息，登记在族谱上。直至清光绪年间台湾被日本侵占，交通阻隔，无法再去采录。晋江市东石镇郭岑村杨姓四房谱牒自清康熙年间以来纂修未曾间断，该房族人有清道光年间分居于台湾新竹的，民国十年(1921 年)修谱时亦曾东渡缮修。晋江市金井镇新市村，民国二十年(1931 年)湖南宁乡曾氏南宗通谱总局派员来泉重修曾氏族谱，居于台湾地区及菲律宾的族人，均有派人回新市祖里参与纂修工作，将在台族人与祖家族人的世系合编成一册。晋江市龙湖镇衙口村、粘厝埔村迁台宗亲，不忘自己的根源，民国十二年(1923 年)，台湾鹿港粘芳模借着鹿港天后宫妈祖往福建湄洲进香的机会，转道往衙口访求族谱，路过厦门时遇见

● 晋江市台湾同胞联谊会会长吴朝晖赴台湾嘉义县布袋镇寻访晋台同名村渊源

● 2019 年举办的第 11 届海峡论坛：两岸“同名村·心连心”联谊活动

衙口族亲粘传仁，答应为他抄写一份族谱。10 年之后，粘传仁果然把一份手抄的《浔江粘氏敦业公派下家谱》寄到台湾。并寄去衙口粘氏大宗祠增续字行“谨遵遗训，以裕后昆，文章华国，希绍前贤”，俾日后承接。而居住台湾鹿港的陈埭丁氏后人丁守真念支派颇盛，繁衍日多，遂据家藏谱本，搜集资料，于 1997 年重修《丁协源家谱》一部，以追怀祖德、联系族谊。通过不同时期持续不断地修谱、续谱，加强了两岸族人的联系，增强了迁台族人对家族的认同感。

渡台开发的先民，为庇佑渡海成功及在台开拓中取得精神的依托，往往带去家乡的“境主”等神明的香火。当他们得到安居时便会在当地建庙供奉，顶礼膜拜，以求神明保佑。闽南有句俗语：“父母好像桶箍围。”意思是有父母在，子女可以经常团聚在一起，更加团结。台地同名村供奉的神庙，成为同村同族膜拜的对象，一样起着“桶箍围”的作用。通过建庙、修庙，做佛生日、谒香等活动，加强了族人之间的团结和协作，同时成为情感的一道纽带。很典型的如晋江东石嘉应庙（又称“三公宫”），供奉“九龙三公”，迁台东石人在台湾嘉义、新埕等地建庙奉祀“九龙三公”，仍命名为“嘉应庙”。晋江东石嘉应庙历来有新婚夫妇元宵到庙里挂宫灯求子、族人到庙中“数宫灯”的风俗，这个风俗也在台湾嘉应庙中得到传承。2008 年，“数宫灯”由晋江东石嘉应庙和台湾布袋嘉应庙联手申报为国家级非物质文化遗产代表性项目。近年来，晋江市东石镇每年都邀请

●近年来，晋江市台湾同胞联谊会多次组团参访台湾晋江乡会

台湾同胞一起举办“数宫灯”活动，吸引了不少台湾乡亲乘船越海，送灯而来。至今已有超过7000多人次的台胞前来晋江东石嘉应庙进香，参加活动。在台胞寻根认祖过程中，相同的神庙是寻根认祖的一条重要依据。比如晋江市东石镇麦园村供有一尊“飞天大将”，清代有一批麦园人东渡台湾，带上村中保护神“飞天大将”“安溪城隍（显佑伯）”“齐王爷”等神明的塑像。现在，有一些回乡谒祖的台胞是冲着“飞天大将”等麦园村保护神的名号来认祖的，有的甚至带来台地的神像与麦园村的神像对照相貌后才敢确认。又如，晋江市东石镇白沙（碧沙）人在台湾嘉义县岑海里碧沙村聚居，同时带去家乡碧安宫“张圣真君”的香火，在当地建了一座碧灵殿，供奉家乡这尊保护神。2011年，往台参加交流活动的白沙乡亲，就是通过发现碧灵殿才联系到居住在附近的迁台族亲的。

患难见真情，两岸同名村的血肉情谊每常体现在危难之时。晋江市东石镇麦园村曾经有座“台湾厝”，就是最好的见证。清代时，台湾时常发生“反乱”，一批在台麦园人回乡避乱。两地的麦园宗亲同心合力，在王氏宗祠的东南侧建了一幢“同”字形排屋，供回乡的台胞居住。后来回来的人更多了，房间不够用，于是围着排屋又加盖了一圈平房，使之成为“回”字形的厝式。直至台湾时局平稳后，这些宗亲才返回台湾。又如台湾《丁协源家谱》记载，当台湾遇到祸乱时，丁氏家族以大陆祖家作为依靠的后盾，一族几乎全回祖籍陈埭避难。直到台湾抗日事弭，鹿港丁氏一族方重回到台湾。族谱还记载，鹿港丁宝光于清光绪二十九年（1903年）在大陆因病逝世，葬晋江市陈埭镇江头村。后裔迁回台湾后，清明佳节祭扫不便，概托大陆堂亲看管祭扫。至1993年方拾骸回台湾安埋奉祀。而晋江市安海镇前埔村《许氏族谱》记载：台湾新北区西盛里许厝的许寿安，虽已是迁台第五世，时当清光绪二十一年（1895年）甲午战争失败后，台湾动乱，他扶母柩回前埔许厝安葬。直至战事稍平，他才回台湾。晋江市龙湖镇石龟许厝族谱资料则表明，甲午战争后，鹿港许厝武进士许肇清在台湾组织领导台民奋起反抗日本占领军，因缺乏支援而抵抗失败。许肇清逃回大陆家乡定居避难，其在台的三兄许肇波、十弟许肇灶因组织抗日失败，被日本人抓获，折磨致死。许肇清怀着国仇家恨在大陆忧郁去世，葬在故山。

在日本侵占台湾的50年间，台湾同胞尚能冲破种种阻挠与大陆祖家联系。1949 年以后,海峡两岸隔绝,两岸同胞长达 38 年间失去联系,互相之间只能望洋兴叹,成为心中的创伤。但是仍有不少族姓想方设法向隔海的宗亲传递信息,如台湾鹿港粘姓就通过到台湾旅行的新加坡华侨粘忠清带信向晋江龙湖粘姓宗亲问好。龙湖衙口村粘氏则通过香港的族人往台湾探亲,联系到彰化福兴乡粘厝村族亲,两岸粘厝人这才联系上。又如晋江市龙湖镇埔头村传衍台湾鹿港的施渠交子孙,一直与故土埔头的堂亲保持着密切联系。新中国成立后的一段时间,尽管两岸关系较为紧张,但他们还是通过在新加坡的亲人等间接的渠道保持联系。

自 1987 年 11 月,台湾当局有条件开放民众赴大陆探亲,台湾同名村的宗亲就像冲决的堤坝,迅速形成一股探亲谒祖的洪流。早在 1987 年春,就有晋江市池店镇潘湖村迁台宗亲黄玉火取道日本,辗转前来寻根。在潘湖村,他受到族亲热烈的欢迎,并找到父亲告诉他的祖家的歇马庙,认清庙中供奉的“四使爷”与台湾所供的神像一模一样。回台湾后,黄玉火先生把寻到祖里的喜讯告诉台湾的乡亲。越年,台胞黄鸿涛、黄鸿钰、黄鸿福三兄弟携眷属 17 人来到潘湖。随后,黄廷顺、黄江林、黄春生、黄河东、黄启木也相继回祖地寻根探亲。20 世纪 80 年代末就到漳州投资办厂的台胞王茂竹,寻找玉园乡 3 年,终于找到晋江市东石镇麦园村,发现族谱封皮上写着“玉园王氏家谱”。接着他又在族谱内页中发现他的祖辈伯叔名字一一赫然记录在族谱中,名字下标注着“迁台湾蠔寮”,不由得激动万分。台湾谢厝寮谢隆镇到晋江市英林镇谢厝街东村谢氏二房祖厝寻根,向先祖画像和神主行三跪九叩的大礼,激动地说:“161 年了,没想到我是第一个回来这里找到亲人的人。”台湾彰化县埔盐乡新水村许顺义自 20 世纪80 年代就不断寻找先辈故里吕宅村,终于在 2005 年找到晋江市深沪镇运伙村吕宅自然村。他特意编成一本《彰化埔盐吕宅衍派许氏家谱》,想把这本族谱留给子子孙孙。他向族亲叙说寻根访祖的过程和心得:“自己从小就记得祖父的教导,一个人无论能赚多少钱,能做多大的官,而忘记了自己的祖宗,就不算是一个成功的人。正是先辈的谆谆教导激励着我,所以矢志坚心寻找祖家 20年,终于找到祖居地吕宅村,圆了多年的梦想。”在两岸同名村的资料中,每一次台湾同胞寻根谒祖的过程都是一段感动人心的故事。

• 2018 年 5 月 26 日至 27 日，中华全国台湾同胞联谊会党组书记、会长黄志贤来晋江参加《晋台不了情——晋江台胞口述实录》出版座谈会，并为晋江市台湾同胞联谊会题词

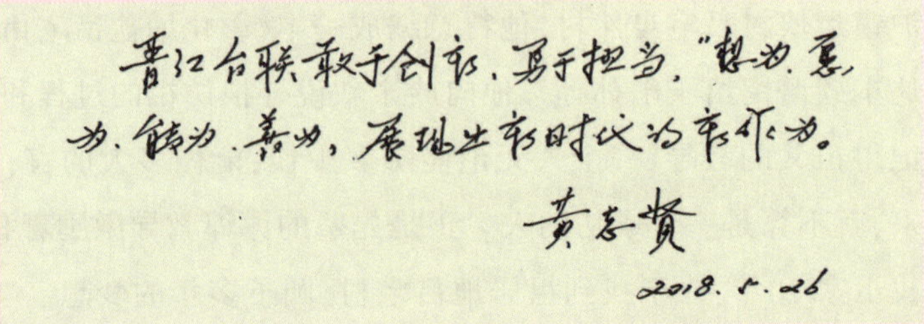

四、讲好两岸同名村的故事

如前所述,海峡两岸同名村事实上是两岸关系的一个缩影、一种象征。做好两岸同名村这个课题,必将彰显海峡两岸人民的血肉深情,加强海峡两岸交流的纽带,有益于祖国和平统一的大业。

中国人慎终追远的民族观念传承数千年,根深蒂固。绝大多数台湾同胞明确自己是炎黄子孙,根在大陆,并引为自豪,更坚定了热爱祖国、期望祖国统一的强大信念。如台湾彰化粘氏宗祠落成时,台湾大学教授粘忠判就对台湾《联合报》记者说:"居住在台湾的所有同胞,他们的祖先统统来自中国大陆,就血统、文化、历史、地理及风俗习惯来说,都是道道地地的中国人、中华民族的人,不容怀疑的。"2012 年,到晋江市东石镇郭岑村访问的台湾宗亲深情地说:"台湾人80%的祖籍在福建,绝大部分是泉州、漳州。闽南语成为台湾的主要语系,因此我们对福建人感到特别亲切。台湾人苦苦追求的家乡梦、祖籍梦,无时无刻不在心上萦绕。两岸在漫长历史中,形成了血缘、地缘、神缘、商缘、法缘的独特文化。我们有着共同的文化、习俗、信仰、祖宗。"2014 年,晋江市安海镇前埔村许氏与台湾许氏宗亲一同拜谒台北新庄西盛里许厝祠堂,共同祈愿的是:"两岸许氏子孙繁荣昌盛,互相往来,为统一祖国做出自己的贡献。"2017 年,晋江市安海镇文化创意发展协会拜访台南安平文教基金会。该会新任董事长魏灿文说:“两岸一家亲,一桥一世界,我们引以为傲,希望两岸能够和平相处,共增人民的福祉。”2012年,晋江市东石镇岑兜村传衍金门的后人殷切希望在“可预期的未来,金厦这条通路,又将为金门的发展开启无限的契机。金门子民可以如过去乡亲,循着这条路到厦门观光、升学、就业。未来萧氏亦将随时代的演变,融入大时代的脉动之中”。从晋台两岸同名村交往的记叙中,我们可以看到台湾同胞对中华民族文化传统的认同感和冀望两岸和平统一的殷切希望。

近年来,台湾岛上一些政客出于不可告人的目的,数典忘祖,顽固地鼓吹“台独”,妄图篡改历史,阻断中华传统文化在台湾的传承,把台湾从祖国版图中分裂出去。可是公道自在人心,台湾同胞与祖国的亲缘关系岂是可以谎言抹杀掩盖的?台湾同胞回家探亲的路岂是他们能够阻挡的?诸多海峡同名村的历史说明,两岸同名村的亲缘关系能抗拒日本殖民者50年高压统治,能挺过两岸40余年间的隔绝,延续至今,寻根认祖,频繁互访,关系日益密切。谱牒白纸黑字,同名村交往事实俱在,必定让“台独”分子喧嚷“台湾人非中国人”的谎言不攻自破。

众多海峡两岸同名村,正是晋江这处台胞主要祖籍地的特色、亮点。而把握好晋台海峡两岸同名村这个亮点,讲好晋台海峡两岸同名村的故事,对于推动晋台海峡两岸民众的交流,增强台湾同胞的亲切感、归属感,促进海峡两岸和平发展,同时以历史事实启迪今人、昭示后人,使大家共同担负起祖国统一、民族复兴的重任,具有相当重要的意义。

(粘良图/撰)

两岸双安平

清顺治十八年(1661 年),郑成功率军从金门料罗湾出发东征,收复了被荷兰人占据 38 年之久的台湾,建立了台湾历史上第一个汉人地方政权。为了纪念故乡,旋即将热兰遮城改为“安平镇”。

一

晋江安海,古称“安平”。安平古港,历史远久。隋唐以前,沿岸已有人群聚居。唐朝期间,安海港(安平港)的海外交通和商贸繁盛,成为福建省开发最早的古港重镇。据相关志书文献及专家学者的研究证明:安平港的开发远早于后渚港,可上溯到周至两汉,至今已有 2000 多年历史。安平港是泉州十二港

晋江市安海镇今日风貌

中开发最早、持盛最久的港口。安海的先人以“敢为天下先”的气魄，以安平港为基地，开辟了泉州乃至东南沿海的“海上丝绸之路”，其历史地位及作用，是其他港口所不可比拟的。

安平港是安平商人的“海上摇篮”。经过1000余年大海的洗礼后，安平商人的先驱者开始脱颖而出，历代不衰。早在徽商、晋商扬名之前数百年，安海的林銮就已在海上创造了辉煌的商业传奇。唐开元八年(720年)，林銮为了让中外船舶安全进出海港，沿围头湾进入安海港的水路沿岸，建造了7座引航的航标石塔。宋朝的黄护是一个典型的由儒入商的“海丝”商人，他渡海远航至东南亚诸国营生，事业有成后回到安海继续经商。安海建镇，他捐地建廨；祖派倡建安平桥，他捐资万缗为之倡。安平港是泉州“海上丝绸之路”的先行港，安平商人是泉州“海上丝绸之路”的开路先锋。

安海古时也称“湾海”，以其海岸多曲而得名。宋开宝年间，唐名臣安金藏的后裔安连济徙居湾海，易“湾”为“安”，始称“安海”，属晋江县开建乡修仁里，称“安海市”。宋元祐二年(1087年)，泉州设市舶司，州府遣吏于此榷税，设立石井津。南宋建炎四年(1130年)始设石井镇，朝廷委任迪功郎朱松为镇监。之后，安海人又开辟另一个伟大工程——修筑横跨5里海域的安平桥，历14载方成。安平桥建成后，安海镇成为万商云集的重要商贸场所。宋元时期，安海港已成大港，海外贸易进入鼎盛时期，安平商人足迹遍天下，冲风突浪，耕海牧洋，出现“港通天下商船，贾胡与居民互市”的繁荣景象。安平桥也由此成为记录古代中国开发海洋的历史之桥，一座见证“海上丝绸之路”的文化之桥。

安平港左拥东石白沙澳，右依南安石井澳，如一对海门，把狂风恶浪挡在安海湾外，使得安平港成为天然的避风良港。得天独厚的地理环境，能贸善贾

安平桥

的传统氛围,吸引了郑芝龙海商集团走进安海,选择安平港作为海上贸易的大本营,并以此为军事基地。在与明政府和外来的荷兰商人及日本商人的博弈中,郑芝龙在两次海战中,打败荷兰人,称霸大洋。郑芝龙“富可敌国,泽及八闽”,时值福建三年大旱,郑芝龙给“一人三两银,三人一头牛”,把数万灾民运往台湾,成为开发台湾的第一人。郑成功沿袭郑芝龙海上贸易旧规,编组东西洋船队,航行于日本、台湾地区、吕宋及南海各地以通贸,设“五商十行”于各地。郑成功以商养兵,北伐东征,最终收复台湾。郑氏父子把东南诸海划归为中国的“内海”,创造了“海丝”商人的鼎盛时期。

安海历代人文荟萃,扬名翰苑。“唐朝始立鳌头社”,早在唐建中元年(780年),安海就出现“教化维新”,“乡郡小民有能诵书作文辞者”,其时就已文风蔚起。到了北宋初年,随着高、安、黄、叶、李五大望族迁入,安海的文风更为鼎盛,在晋江、泉州,乃至在福建,较早地步入文化教育繁荣时期,迎来第一个文化的发展高峰。其中当以高惠连、吕惠卿为代表性人物。前者曾任泉州本籍太守,最后官居兵部尚书;后者官累参知政事,是北宋宰相王安石的著名助手、“熙宁变法”的第二号人物。安海建镇后,小镇又沐浴了“二朱过化”,呈现出前所未有的文明气象,进士及第比比皆是。朱熹对此故地情有独钟,赞扬安海重教兴学的文明气象,称之为“海滨邹鲁”。

二

2004年5月,在泉州市区的大坪山顶,屹立起一尊高38米的郑成功骑马雕像,他刚毅伟岸,一手持缰,一手挥舞,像是驱动大军奋勇向前,成为“东亚文化之都”的象征;2008年5月,在台南市区的延平郡王祠户外,矗立起一尊高7.96米的郑成功骑马雕像,他英气勃发,一手把缰,一手按剑,像是在巡视着收复的土地,名副其实作为台湾宝岛的守护神。泉州、台南,一水之隔。大坪山顶、开山路旁,郑成功雕像如双峰并立、遥相感应。两市的人民,都把这两尊郑成功骑马雕像称为“马上成功”。

明天启四年(1624年),荷兰人入侵台湾。这一年七月十四日,郑成功诞生

台湾台南安平港

于日本平户县千里滨，初名福松。于是有文章说，郑成功是为了终结荷兰人在台湾的统治而诞生的。明崇祯三年(1630年)十月，郑成功随叔父郑芝燕、郑芝鹗从日本回到安平。郑芝龙为其取名郑森，并延师授业。郑成功年少时，特别有兴趣攻读《春秋》《左传》《孙子兵法》，使他渐渐谙熟文韬武略，为以后成为一个文武双全、智勇兼备的大英雄打下扎实的基础。安平深厚的儒家传统、优良的文化积淀及波澜壮阔的海洋意识，造就了郑成功独特的生长环境，为其知识才能的培育、思想品德的形成，提供了肥沃的土壤。

明崇祯十四年(1641年)，郑森娶礼部侍郎董飏先侄女董氏为妻。明崇祯十七年(1644年)，郑森入南京太学院，拜著名学者钱谦益为师。钱师赏识其学识才能，以"大木"为其字，期为栋梁之材。次年八月十七日，郑芝龙引郑森见隆武，隆武赐郑森姓朱，封忠孝伯，改名成功，自此中外咸称"国姓"。

清顺治三年(1646年)十一月，清贝勒世子罗托遣固山统满汉骑兵步卒，突袭安平，郑芝豹、郑芝鹏携眷弃城泊海外。下旬，清兵入安平，大肆淫掠，郑成功的母亲毅然拔剑剖腹自杀。同年十二月，郑成功闻报，飞师安平。郑成功愤父北降、痛母惨死，感于国仇家恨，乃携所着儒巾青衣，赴文庙哭而焚之。四拜先师，仰天曰："昔为孺子，今为孤臣，向背去留，各有作用，谨谢儒服，惟先师昭鉴之。”遂在安平誓帅，高举反清复明大旗，开始波澜壮阔的反清斗争。

清顺治十八年(1661年)三月二十三日，郑成功率军25000人、船400余艘，从金门料罗湾出发东征台湾。清康熙元年(1662年)二月一日，困守热兰遮城的荷兰人被迫向郑成功投降。至此，郑成功收复了被荷兰人占据38年之久的台湾，建立了台湾历史上第一个汉人地方政权。郑成功收复台湾后，为了纪念故乡，旋即将热兰遮城改为“安平镇”。连横的《台湾通志》载：“十二月，以热兰遮城为安平镇，改名王城，建桔桋门，志故土也。”五月初八日，郑成功因病在台南安平去世，安葬于州仔尾。

郑成功在世38年，自明崇祯三年(1630年)7岁回国定居，到清顺治十二年、明永历九年(1655年)毁其居第，全师退驻金厦，在安平生活、读书、战斗长达25年。而这时距他过世，只有不到7年的时间。可以说，郑成功一生的大部分时间，是在晋江的安平。虽然郑成功的诞生地在日本，祖籍是南安石井，但对郑成功来说，真正的故乡是安平。活在西岸的安平镇，死在东岸的安平镇，生死两安平，意义是极深远的。郑成功这一定夺，把大陆的印记烙在宝岛上，并随汉人开发台湾，一路向北，至今的基隆还有以“安海”命名的街区；郑成功这一抉择，在海峡两岸系起了紧紧的纽带，不论相隔多远，不论分离多久，台湾与大陆的“五缘”关系，任何人也割裂不了！

安平古堡郑成功雕像

郑成功把热兰遮城改为“安平镇”，固然是寄予乡土的怀念，另一方面，我们亦可以将其视为一种补偿，因为安平为郑成功抗清复台付出了惨重的牺牲。在郑成功抗清复台的斗争中，安平是其坚实的根据地。其父郑芝龙降清，郑成功极力

台湾城残迹

反对。他带领将士在安平起义，成为反清的主力军。这些将领士兵大多是安平周围以及晋南等沿海人民的子弟兵，他们跟随郑成功南征北战，流血牺牲。后来郑成功的基地虽然逐渐转往金厦两岛，但安平周围及晋南沿海地区，始终是郑成功的势力范围及兵员补充和粮草物资给养的基地。在安平报恩寺谈判破裂后，清贝勒统满汉官兵3万，扫荡安平，郑成功自毁府第，全师退驻金厦，坚守各岛。清顺治十二年、明永历九年(1655年)六月，飞檄与兄郑泰，先将安平家资尽移金门安顿，隳其镇城，又传令安平及泉属士民，有愿相从者，悉渡金厦两岛居住；不愿从者，速远避山中，以免遭受兵马蹂躏。但最终，安平还是化为灰烬。

一个拥有几百年历史的古镇，就这样从地图上抹掉；一座名闻东南诸国的老城，彻底从人们的视野中消失！这不能不在国姓爷心头留下深深的伤痛。

三

台湾的安平，是历史上台湾开发最早的区域，连横的《台湾通史》将安平县列为“疆域志”的首篇，他开宗明义地说：“安平为全台首善之地，开辟最早。荷兰之时，筑垒于赤崁社，台人谓之‘赤崁楼’，则今之县治也。”现存的安平古堡，位于台南市安平区国胜路 82 号，原为荷兰驻台第一任总督逊克所建奥伦治城的一部分，于明崇祯十三年(1640 年)竣工，并改称为“热兰遮城”。整座城分内外两城，内城形方，

安平古堡

共筑三层，下层位于地面下，作为仓库。

清顺治十八年、明永历十五年（1661年）四月，郑成功将荷兰人逐出台湾，以热兰遮城为“安平镇”，改名“王城”，又有“安平城”之称。这就是现今“安平古堡”这个名称的由来。《台湾通史》对此有详细的记述：“延平郡王克台之后，建承天府，置天兴、万年二县，改一鲲身为安平镇。‘安平’为泉州安海之名，延平起师之地也，入台之后，移置于此，又建桔柣门，以存故土之念。而安平城或称‘王城’，赤崁楼乃为承天府矣。清人得台，建台湾府，领县三，以台湾为附郭。二百余年，文化日启，制度典章，蔚为上国，信乎东南之大邑也。光绪十四年建省之后，移台湾县于台中，以作会城首邑，而旧县改名‘安平’。”

台湾安平的生活习俗、处事法则，均延续晋江安平的传统，尤为尊儒重道、能贾善贸。同西岸的安平一样，东岸的安平也是古代台湾的商业重镇、贸易港口。连横曰：“夫安平镇为互市之口，驻领事，设海关，以振兴贸易。故台南商务冠全台，犹不失为富庶也。”其民风淳朴、义利并举，“而土尚膏腴，人怀礼义，士游于庠，农歌于野，商勉于廛，工集于肆。乔木之思，尚足起后人之感，况于古都旧邑乎？生斯土者，能不葆而爱之欤”。安平港是府城门户，台湾城自荷兰、明郑以至清代，皆有军事上的价值与地位。

清康熙二十二年（1683年）台湾入清版图，城堡曾充作水师协镇署。至清道光二十年（1840年）中英鸦片战争爆发，台湾兵备道姚莹为抵抗英军，筹设海防，将台湾城改为军装局，修建原有城墙与炮台，作为储藏军需、弹药的仓库。清同治八年（1869年），发生英舰炮击安平事件，城堡被毁大半。清光绪元年（1875年），清兵破坏安平城，取其砖块建造二鲲鯓炮台（亿载金城），居民也取城垣砖石修筑房舍。日本侵占台湾时期，日人将城堡遗址铲平，改建为新式洋馆，作为海关长官宿舍，即今之安平古堡。

真正荷兰时期的遗迹，仅存古堡前方马路边原为外城南面城壁遗迹的砖墙。台湾地区最早的城堡，其城壁构造系以糖水、糯米汁捣牡蛎壳灰、红泥土等夯实拍光而成，俗称“三合土”。此种材料的硬度近乎水泥，但寿命却是水泥的几倍，可达数百年，现存的古堡遗迹即是一个明证。历经300余年时空变化后，今仅存外城城墙一堵、古井一口、半圆形棱堡基座及部分残迹，其中以原外城

● 亿载金城

南壁长 65.8 米的城垣残迹规模最大，尽管饱经风霜，依然坚实浑厚。城垒上古榕枝干盘曲，显得格外苍劲古老。堡前空地上竖立着一座石碑，上书“安平古堡”4 个大字，为光复后台南市长卓高煊改刻。城堡脚下，树立郑成功铜像一座，也是二战后塑立的。安平古堡为台湾的一级文物古迹，城上的安平古堡为文物陈列馆，陈列着荷据时所建的热兰遮城的原始模型、复原图，荷兰专使求和息战图，以及郑成功的墨宝和有关史迹资料。古堡上有瞭望台，是清光绪年间在城基上设置的灯塔。尽管今日所见的安平古堡，已是历经多次整建后的模样，不复当年的宏伟壮丽，但是其所保存的丰富史料和所代表的文化意义，仍具有重要的历史价值。

台南市的安平区是台湾历史文化的起点，代表开台缩影的历史场景。近 400 年兴衰，累积了丰富的人文资产。但时间催城老，其建筑物老旧，房屋超龄居住，市中心区老旧街道、住宅和巷弄比比皆是。较台湾其他都市，亟须城区改造。由于安平区拥有安平古堡、亿载金城、台南运河等丰富的文化资源，因此在城区改造规划中，被定位为“开台历史文化在安平的文化园区”，将观光游憩特区定位为国际观光海港走向，并联结港滨游憩公园，鼓励民间及国际资金投资观光游乐设施，提供国际级多样化之度假活动场所。

当局采取“文化行销城市”的策略，将现代管理哲学融入古迹管理中，突破传统保存古迹的被动做法，改由生活博物馆的理念全面活化古迹，让台南市宛如一座大型的城市博物馆。安平港历史风景区投资数十亿元新台币，由台湾成功大学建筑系教授王明蘅负责设计规划，以重现安平港与民居聚落、文化资产关联为主轴，将其分为历史保存、自然保育、文化设施及产业文化旅游四大类。

在旧城改造过程中，由于高度尊重地区文化及历史纹理，对老旧建筑分门别类，依次进行维护、整建或重建，重视环境改造，留足发展空间，创意产业与其周边历史文化相配合。安平港历史风景区的开发，获得美国水岸中心卓越水岸设计计划类国际奖。

四

安海镇是海峡西岸的著名侨乡和经济重镇，位于晋江市西南部，与台湾一水相隔，是福建省四大文化古镇之一。辖区面积 55.72 平方公里，常住人口 20 万人，户籍人口 12 万人，下辖 41 个村居社区。

悠久的历史、丰富的人文，为安海留存了众多的文物古迹及非物质文化遗产。安海拥有各级文物保护单位 13 处，其中国家级 2 处——安平桥、龙山寺，省级 3 处——石井书院、星塔、陈清机宅。非物质文化遗产名录 12 个，其中国家级 1 个——安海端午“嗦啰嗹”习俗，省级 1 个——庐山国佛雕技艺。安海现有省级以上社团会员超百人，层次之高、数量之多居全市首位，在全国镇级也属少见。

安海镇系福建省委、省政府确定的首批“镇级小城市”培育试点和规划建设中的泉州南翼新城、晋江晋西辅城核心区。2018 年完成工农业总产值 403.32 亿元，增长 7.84%，其中规模以上工业产值 320.72 亿元，增长 6.6%；税收收入16.27 亿元，比增 0.5%。海内外乡贤捐赠晋江慈善总会善款居全市首位，镇级慈善协会募集善款逾 2 亿元；镇级教育发展基金成立当日募捐资金

晋江市安海镇端午节“嗏啰哇”习俗

2.38亿元，创下全省之最。安海镇综合经济实力常年名列福建省前茅，蝉联5届中央文明委授予的“全国文明镇”；接连3年位列“全国科学发展千强镇”第27位；2019年发布的“中国乡镇综合竞争力百强”中排名第59位，是泉州市唯一上榜乡镇。安海镇着力打响“学在安海”教育品牌，重教兴学氛围浓厚，先后设立安海教育发展基金等十几种教育基金。辖区内现有幼儿园47家、小学29家、中学6家，基本形成了从学前到高中、从公办到民办、从职校到特教的完备教育体系。

在成功创建国家4A级景区、成功申报中国历史文化名镇之后，安海镇进一步策划项目、招商选资、整合联动，争创5A级景区，推动安海端午、中秋、元宵民俗文化项目等申遗工作，努力建设“世界的安海”。“安海实践”成为中央媒体关于“晋江经验”报道的亮点。另外，安海深厚的历史文化积淀和丰富的旅游资源，亦引起高端媒体的重度关注。2015年以来，央视《走遍中国》《国宝档案》《发现·探索》等品牌栏目“七进安海”，摄制专题片、纪录片，向全国及海外推介安海，大大提升了安海的知名度和美誉度。

五

大陆和台湾几度分离，而两岸双安平却天长地久。过去安平人移居台湾，在出发之前往往先到安海龙山寺上香，并带着龙山寺观音菩萨神像和香火，以祈求神明保佑平安横渡台湾海峡。当他们到达台湾，生活安定之后，就会建一座庙将香火供奉起来，以表达对故乡的怀念。并随台湾的开发一路向北，由安海龙山寺分灵、由“三邑人士”建造台湾龙山寺，重要的有5座，由南而北分别是凤山龙山寺、台南龙山寺、鹿港龙山寺、艋舺龙山寺、淡水龙山寺。这5座或大或小的龙山寺，是汉人开发台湾近400年来各重要据点

安海龙山寺千手千眼观音

安海龙山寺

台北艋舺龙山寺

鹿港龙山寺

的信仰中心。龙山寺的观音信仰,早已植入台湾的传统文化里,深入台湾民众的日常生活中。在与家乡关系断绝的数十年中,他们以宗教形式维系着故土的感情。先前台湾把张瑞图“通身手眼”的题匾复制过去,后来因安海龙山寺的这方题匾在“文革”中丢失,改革开放后,又从台湾龙山寺复制回来。这一轮回,是否也昭示着某种必然的规律?

2006 年 10 月,台湾淡江大学教授陈冠甫给安海安平诗社寄来一封信,信中说:“兹经多方征询,贵社欲与台湾结盟,仍以台南市为宜,南市有安平区、安平港,虽无安平诗社,但却有延平诗社,盖以延平为纪念郑成功……特撰《双平咏》:‘安平古镇安平社,淑世昌诗两岸亲。乐与延平鸥鹭结,风云际会笔生春。’”2009 年海峡论坛,台南安平文教基金会代表台南安平区与晋江安海镇签署乡镇对接合作协议,促进两岸双安平交流不断,从此海峡两岸双安平遥相呼应。

2016 年 4 月 28 日至 5 月 2 日,晋江安海文化创意发展协会组团赴台展开文创之旅。参访团先后造访了文化重镇台南、“小泉州”鹿港、现代文创聚集地台北,实地考察一个个具体的文创项目,感受中华传统文化和现代商业完美

晋江市安海文化创意发展协会赴台交流团在安平古堡郑成功雕像前留影

台湾晋江商会欢迎晋江市安海文化创意发展协会赴台交流团

融合的魅力。晋江安海文化创意发展协会会长、参访团团长苏义阳，对台湾借由中华文化内涵，将衰败的厂房经过腾笼换鸟式的改造，搭建成新型文创产业园，将每个商圈里的购物中心打造成最具指标性的建筑的成功模式，深感钦佩，以为得益匪浅，完全值得借鉴。晋江安海文化创意发展协会成立后，台南安平文教基金会组团前来参加，与晋江安海文化创意发展协会签署合作意向，共同开展两岸传统文化、民间信仰、青年交流，由此拉开两岸两安平的文创深度合作。东岸的同胞也从过去的旁观者、参观者，转变为参与者、组织者，近几年每年端午节都共同举办两岸两安平文创市集。两岸的交流活动制度化、常规化，每年都有十几位台湾的大学生到晋江安海实习。

台南安平文教基金会向晋江市安海文化创意发展协会赠送书法对联

2017 年 1 月，晋江安海文化创意发展协会

第 11 届海峡论坛期间举办的两岸两安平文化沙龙

一行12 人再次到台南安平进行交流，追溯两岸渊源，碰撞文创火花。晋江安海文化创意发展协会执行会长林荣宗介绍，“台湾安平文教基金会和安海文化创意发展协会经常交流，包括在安海的三大节庆、两岸两安平文创市集，还有很多民间民俗活动的交流，对两岸同胞互相认识起到了很好的桥梁作用。”其时恰逢台南安平文教基金会换届，该会新任董事长魏灿文表示，将秉持“两岸一家亲”的理念，继续推动海峡两岸的文化交流。他说：“安平文教基金会从创立到现在已经历经 7 届……最重要的是两岸文化的交流，透过郑成功文化交流协会，我们和泉州晋江安海进行很多交流互访。我担任第八届董事长以后，会继续推动两岸文化交流，并把它发扬光大。两岸一家亲，一桥一世界，我们引以为傲，希望两岸能够和平相处，共增人民的福祉。”双方同时商定在即将到来的元宵节的

“两岸两安平”艺术家笔绘交流活动

合作计划，届时台南安平将送500个灯笼给晋江安海，再由两岸的学生一起在安海彩绘灯笼。

晋江与台湾的民风、习俗、语言相通，至今存留着无法抹去的痕迹。安平，一个吉祥的名字，一种温暖的向往，从闽南的安平到台湾的安平，一起拥有前世，割舍不下今生。2016年下半年，由傅宁军编导、晋江广播电视台精心制作的6集电视纪录片《两岸两安平》在安海开拍，从闽南文化的代表性风情民俗入手，从安平镇、安平桥、东石古寨等著名晋江古迹出发，放眼于安平古堡、台南延平郡王祠等台湾古迹，辐射血脉相承的海峡两岸。该片于2017年2月11日元宵节当天及次日，在台湾东森电视新闻台和晋江广播电视台同步播出，引起巨大的反响。

闽南地区的博饼，起源于福建的泉州和漳州，其规则源于"状元筹"游戏，大抵在明代出现，清代盛行。"状元筹""宣和牌""进士饼"和"博状元"这些游戏结合，于是有了中秋博饼。又一种传说，郑成功率军来台时，正逢中秋佳节。为排解将士思乡之愁，由郑成功的部将洪旭发明，军中即以掷骰点数排列的方式一较高低，既冲淡思乡的愁苦，又增添节庆的氛围。日后逐渐流传于民间社会，

台湾青年创客基地青年研学实习启动仪式，于2018年在晋江市安海镇兆泰1988文创园举行

2017 年两岸两安平中秋博饼活动

演变成为中秋节令时的民俗活动。清康熙三十三年(1694 年)的《台湾府志》即有记载:“中秋是夜士子递为燕饮赏月,制大面饼为中秋饼,以红朱书一‘元’字,用骰子掷四红以夺之,取秋闱夺元之义……”这是关于两岸博饼活动最早的文献记录。中秋博饼现在流行于福建厦门、泉州、漳州等闽南地区,而台湾地区却已失传。

2017 年晋江市安海镇举办第二届中秋民俗节,为帮助东岸的安平回归传统,找回失落的记忆,晋江市安海文化创意发展协会与台南市文化协会、安平文教基金会共同举办两岸两安平中秋博饼活动。由晋江市安海文化创意发展协会赠送给台湾 20 盒月饼及状元金牌,在 10 月 4 日中秋节当天,分别在台湾安平剑狮埕、晋江市安海镇安平桥景区拉开序幕。许多参加活动的台湾民众表示:这种非常应景、非常热闹的节庆活动,在台湾消失十分可惜,应该想办法恢复,希望以后可以年年举办。“每逢佳节倍思亲”,尽管空间不同、环境不同,但快乐的气氛是相同的,渴望与家人团聚的心是相通的。借着两地两安平交流活动,让这项传统民俗活动再度回传宝岛台湾,续写两岸双安平的传奇。

(高俊仁/撰)

隔海两东石

400多年前，晋江东石乡民结伙驾着木帆船入台，定居于嘉义西南沿海猿树港。因入住的东石人居多，轸念水源木本，因此用故乡的地名来命名，改名为“东石乡”，并沿用至今。

海峡两岸有两个东石：一个位于泉州东南沿海晋江市西南端海陬，称“东石镇”；一个位于台湾嘉义县西南沿海，叫“东石乡”。两岸东石人“一样的血、一样的种”。

晋江东石镇北邻千年古镇安海，东与英林、永和两镇相接，西隔龙江（俗称“石井江”）与南安市相邻，南与金门岛“山对青山楼对楼”，一衣带水。晋江东石历史悠久。公元前，泉郡先民畲家为周代七闽之一，时畲人在此结寨而居，故有“畲家寨”。至晋升平年间（357年）尚书林西山为避时乱，偕安员外携亲友15姓自中原泛舟而来，见有一寨，寨之半坡有石巍峨，祥瑞先兆，遂卜居石寨之东，汉畲同居，故名“东石”。

隋开皇元年（581年）重修是寨，改名“东石寨”。唐开元年间设立县乡制，东石属晋江县东安乡，后改称“安仁乡”。至南宋时期，东石偏安一隅，渔农经济相对发达，航运业开始兴起，出现万家灯火的升平景象。元初改郡为都，东石属晋邑十都，明清沿袭此制。1930年改为保甲联保制，东石设镇公所。1949年新中国成立后，设区乡。1958年政社合一，成立东石人民公社。1984年改为镇制沿用至今。

自宋元以来，随着泉州刺桐港“海上丝绸之路”海外贸易的发展，东石港的航运业和海外贸易也随之急速发展起来，成为当时泉州晋江对外交通贸易的重要港口，被称为泉州港的“南大门”，更是海上贸易“私商”的集中港渡。根据

晋江市东石镇今日风貌

东石现存的几部族谱记载，此时期东石的航海商家数以百计。东石船行的商船，北航旅顺、大连，东渡台湾、琉球，南至广州及南洋新加坡，以至吕宋、渤泥、占城、交趾等东南亚诸国。明清之际，郑成功以东石作为其抗清复台驱荷的基地，更使东石与台湾结下了不解之缘。

● 晋江市东石寨

实际上，在郑成功东渡复台之前，东石人的足迹早就印上了台湾的土地。据2006年东石全镇各村居姓氏的谱牒调查材料得知，东石镇最早入台的是东石镇龟湖村李氏二房分彰利柱，全族于明朝成化年间(1465年左右)迁居台湾嘉义、彰化等地。又据《东石珠泽蔡氏族谱》记载，珠泽七世祖蔡体斌于明朝万历年间(1580年左右)入台，九世祖蔡宗理于清顺治十年(1653年)入台居嘉义东石。台湾《新塭蔡氏族谱》记载，明万历年间，玉井蔡层石率子侄东渡台湾安居繁衍，围海滩造田筑舍，建渔塭，居地称“海埔”。

晋江东石人、厦门大学中文系教授蔡景康曾著文《隔海两东石》写道：“明朝嘉靖年间，我们家乡东渡移居台湾的人数逐渐增加，我们的四世祖中的蔡显聚、蔡显宾、蔡显仁等，也随人东渡台湾，后来子孙繁茂，在那里建立东石、布袋、桥仔头3个村庄。为了使后代不忘祖先业绩，在我们的七世祖蔡惟宪的倡议下，建祠堂，树墓碑，修谱牒，取名‘玉井’房族，并于每年冬至那一天，举行祭祖仪式。”

郑成功东渡收复台湾后，移居台湾的东石人更多。据《晋江市志》记载：东石蔡氏长房蔡源利、二房蔡秉禄，捐粮300石资助郑成功作军饷，并随郑成功入台，后在台湾定居，成为开发台湾嘉义县布袋（原属嘉义东石乡——笔者按）的先驱者。东石蔡氏族人迁居台湾，仍按“莆阳衍派”昭穆“贻书芳自远，树德世尤长……”相传。

据台湾《新塭蔡氏族谱》记载，清康熙年间(17世纪末)，晋江县东石乡蔡氏族人迁居台湾，定居于虎尾寮之茄藤头港。虎尾寮为原早的蚊港。

《东石珠泽蔡氏族谱》记载：“族人蔡标强，字伯坚，号义山，拨入住台后镇庄，生于乾隆四十年(1776年)，卒于道光廿八年(1848年)，少在家乡，虽不见异，及长而东渡，经营台嘉之间，事事周详，用是家道渐亨，子孙日炽……”清乾隆年间，晋江东石人在台湾开发的脚印遍及东石、布袋嘴、新塭、郭岑寮、虎尾寮、海埔、东渡、北港仔、鳌鼓、箔仔寮等沿海地区。

晋江市东石寨挥师石

清雍正、乾隆年间，东石以蔡姓族人为中心，建立了不少航商，每个航商都置有商船，有一二艘的，有五六艘的，也有数十艘的。这些商船都是双桅或三桅的木帆船，俗称“乌槽”。这些商船每年夏季趁南风往北到福州、宁波、苏杭、上海、天津、烟台、青岛等地贩运货物，秋季再乘北风往南到台湾贩运。从台湾运出稻米、糖、水果及土特产，从各地运往台湾的则有棉花、药材、烟叶、建材及日用百货等。有“糖去棉花来”的谚语。也有专走东南亚或日本、高丽、琉球、台湾的，都是以东石为中转站，沟通了台湾与大陆的商品。这时候，东石入台的人数就更多了，这些人有船主，有船工，有小贩。有一首《行船行东都》的卖布谣唱的就是这时候的事：

行船行东都(东都指台湾),
出门卖土布。
过水过汁真艰苦,
为着一家生活路。
呣惊风和浪,
呣惊日和沪(沪,雨)。
金门、布袋、花莲菌澎湖(菌,绕)。
换来香蕉、凤梨、白糖和鱼脯。
趁是无赖钱(趁,赚。无赖,不多),
够买柴米番薯箍(番薯箍,地瓜干)。
一年三百六十日,
一家大小才免枵腹肚(枵,饿)。

这些航运贸易台湾的东石人,要频频往返于海峡两岸,有的就安排族人定居台湾,在台湾设点贸易。其后又引亲结友,一代一代地,东石人移居台湾的就多了。

玉井户"源利号"创始人蔡文由,兄弟5人,以渔农为生。清乾隆间,蔡文由随族人往台湾布袋嘴谋生,初以磨豆腐为生,勤奋励志立足。后筑鱼塭起家,在台18年,风霜岁月无返家门一步,离妻儿,沐风雨,披星戴月,艰苦创业,拥有鱼塭800多甲(每甲15亩)。其航海业也大有可观,船队称百号(实际是70多号),均在万担以上,所属船号有"复吉号""广裕号""往顺号""瑞源号""瑞泉号""广利号""益利号"等,遂成巨富。然好景不长,在清道光二十六年(1846年),强台风袭击台湾南部,"瑞玉号""瑞瑛号""瑞珠号"3艘大船惨遭损失,片板不存。据文字记载,于清咸丰十一年(1861年)七月二十六日又遭特大台风袭击,大船损失惨重,剩者无几,继而逐渐衰落。至日本侵占台湾时,连鱼塭也遭没收,此后便一蹶不振。此是"源利号"在台湾的兴衰史。"源利号"虽然在台受损,但在故乡晋江东石的"蔡源利号"仍然兴盛不衰,拥有大厝、店铺数十座,土地盐坎也不计其数,人丁也很兴旺。"源利号"虽然在台受到天灾,但他们的后人继起,现在台人口数倍于故乡晋江东石乡人,遍布于台南、高雄、台北等地，以布袋嘴为第二故乡，大多从事商业贸易，荣膺教授、博士、硕士者也大有人在。

400多年前，晋江东石乡民结伙驾着木帆船入台，定居于嘉义西南沿海有个叫“猿树港”的地方。因入住的东石人居多，轸念水源木本，把在台的聚居地用故乡的地名来命名，改名为“东石乡”，并沿用至今。东石乡东接朴子市，西临台湾海峡，南邻布袋镇，北毗云林县。据老一辈台胞介绍，早时嘉义东石很发达，曾称“东石郡”，管辖四周乡镇。如民国九年(1920年)，布袋镇(古称“布袋嘴”)只称为“台南州东石郡布袋庄役场”。直至1945年，第二次世界大战结束，日本无条件投降，台湾重归祖国，乃于1946年改为“台南县布袋乡公所”。后来因布袋港开发，与大陆通贸，航运发达，人口激增，人称“小上海”，符合升镇条件，故于1948年农历十月十八日奉准升镇。再后因行政区域重新划分，于1950农历十月十五日改隶属嘉义县，统辖附近乡庄(包括东石乡)，原本的很多东石乡住民也迁徙到布袋镇区发展，久而久之则成了布袋镇住民，所以现在布袋镇的住民很多是东石人。但从大的概念来说，他们是东石人，也是布袋人，好像我们叫的(晋江)东石人，也是晋江人，也可说是泉州人。至今，原本的东石

晋江市东石旧码头

● 2015 年，晋江东石镇与台湾布袋镇友好乡镇签约仪式

住民后裔都迁居台湾各地，住地以嘉义的布袋、新塭、北港仔及附近乡庄为主。

现在台湾的东石乡与其旁的布袋镇原来都是属东石郡这地方的一个区域。清初台南置府，下设 3 个县，这里属诸罗县。

根据台湾地方史专家蔡崇程（祖籍晋江东石）的《唐山过布袋》记录：公元 1661 年，郑成功来台后，把魍港改为“蚊港”（因蚊子多）。至清代中叶之后，因倒风内海及八掌溪、急水溪之地理变迁，地形类似老虎尾巴，又改称“虎尾寮”。曾经在明末清初盛极一时的虎尾寮，现在只是一个并不起眼的小渔村。现在居住在虎尾寮的居民，他们的先祖大多是在清乾隆年间来台的，大多来自福建泉州府南门外晋江东石，蔡姓占大部分人口，如东埕蔡氏、西霞蔡氏、玉井蔡氏、珠泽蔡氏，这是入台第一站。

《东石珠泽蔡氏裔系定居台湾各地统计表》记录东石珠泽蔡氏先民从七世至十七世往台纪事的，有 150 多条（每条 1 人）。开台祖先定居东石，后因社会变迁、行政区域划分、自然灾害等各种原因，先后迁徙各地，诸如后镇庄（今北港仔）、布袋嘴、新塭庄、蚵仔寮、万丹仔、东石寮、府城、笨港、鹿港、台中、高雄等地。

珠泽蔡氏先祖入台，自东石乡始，几经迁徙，有两大聚集地：

第一聚集地——北港仔(原名“后镇庄”)。源于本地开垦之初到日本侵占台湾初期，一直有一条水道，可经由龙宫溪出港。当时水深可停泊大船，福建泉州、漳州、厦门一带的商船来台湾贸易，北港仔是停泊港口之一，另有南港、中港、头前港、后壁港、顶头港等。村庄东边还有一个叫“糠榔港”的聚落，制糖业特别发达，相传是倒风内海的一个港口，因大船可入港装卸货物，所以聚落了千户人家。清乾隆年间溪道改变，注入倒风内海的八掌溪与急水溪，两溪以其挟带的泥沙，填出不少新土地，使倒风内海面积一天比一天缩小。清嘉庆、道光年间，北港仔至蚊港之间海滩再度淤填，吸引了先民来此开垦，并经营鱼塭，而后才有了新塭庄、郭岑寮。

第二聚地——箔仔寮（原名“遮箔仔”)。先民自东石乡迁居于此，以原乡的生活方式捕鱼为生。原村落因不断受海啸或洪水冲

台湾珠泽蔡氏宗亲会组团拜谒晋江市东石镇嘉应庙

● 2017 年农历正月十四，东石镇珠泽户台湾宗亲回乡谒祖合影留念

击，经过三代人漂泊迁移才定居于现址。“箔仔”是“遮箔仔”的简称，“遮箔仔”是指用竹或木桩固定的定置网。“箔仔寮”也有人认为是指漂泊的村落。清道光二十五年(1845 年)六月初七日，西南台风夹带着山洪狂扫沿岸村庄，到午夜时分，树苓湖沿岸的虾仔寮、旧新港、竹达寮及邻近村庄的百姓均被吞噬于狂涛之中。虾仔寮及竹达寮完全没入海中，箔仔寮及旧新港大部分居民葬身大海。大雨一直下了 12 天，田园尽废，鱼塭尽毁，尸横遍地，哀鸿遍野。十多天后，朝廷才派官兵前来收尸掩埋，总计罹难人数达 7000 多人。灾后饥荒、瘟疫接踵而来，又病死 3000 多人。清道光皇帝依例敕封“万善同归”，以抚恤亡者而告慰生者。幸存者为避瘟疫和饥荒，无奈逃离箔仔寮寻找新

天地。现有查到的东石鳌鼓、三块厝、型厝寮，都有当年居住箔仔寮的珠泽宗亲。

清乾隆初期，因注入倒风内海的八掌溪、急水溪河沙淤积，原为大坵田(今内田)、东港、东安庄以及西边的布袋屿，逐渐连接成陆地。此时，来自泉州府晋江县东石乡的玉井蔡氏族人也险渡黑水沟，迁于布袋嘴定居。

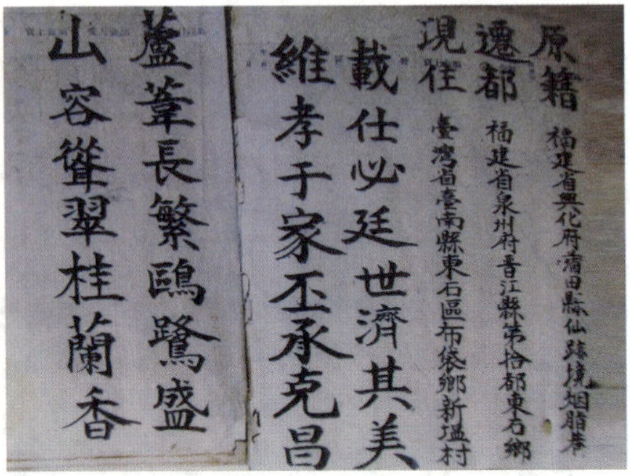

迁台的东石族人留存在台的族谱上的对联记载着辈分的排列

此外，来自泉州府晋江县东石之岑兜的萧氏族人、白沙庄的周氏族人和东石黄氏族人，也都是清乾隆年间来台，定居于布袋嘴。布袋嘴的新厝仔大约在这之后结庄，因布袋嘴蔡姓、黄姓前往开池养鱼，盖了几间新房屋，所以命名为“新厝仔”。

迁台东石人难忘那搭竹桥过溪的岁月

● 两岸东石人欢聚在台湾东石渔人码头

2010 年 5 月 9 日，笔者参加晋江东石嘉应庙赴台文化交流团到台湾东石访问交流。访问期间，受到乡公所及东石乡亲的热情接待。现在的台湾东石乡经济颇有发展，尤其是东石渔人码头更为繁荣，大商场、大菜市、大渔市等等，什么都有。特别是海边有游乐场所，碧绿的大草坪，还有停泊于海边的游艇。不过，现在居住的东石人多半是留守的老人和孩子，青壮年们多外出，到台北、台中、高雄等大城市发展。东石乡现属布袋镇管辖。陪伴我们的布袋镇镇长蔡坤彬夫人对我们说，以后若要来东石乡，可先到澎湖玩，从澎湖坐游船来布袋东石码头很方便。

下午，冒着烈日，交流团来到了位于布袋镇北港仔的嘉应宫。和布袋镇繁华的镇区相比，北港仔极像闽南沿海的一个村落，简陋的平屋居多，配上用蚝石条铺砌的厝埕及小路。得知大陆祖庙参香团要来交流，嘉应宫的乡亲早早备办了水果和饮料，热情接待。

早在 16 年前，北港仔的乡亲就曾组团回晋江东石寻根谒祖。其先辈大都是晋江东石珠泽蔡氏族人。由于两岸来往不便，双方一直疏于联系。此次，笔者带来一份晋江东石珠泽乡亲致北港仔珠泽乡亲的信，主要提到了希望双方能够及早联手重修族谱之事。同时为台湾宗亲提供了一份珠泽户乡民迁居台湾的姓名表。对于大陆宗亲的来访，北港仔的乡亲都很开心。交流之后，他们还带着大陆来的蔡长恒、蔡长满、蔡长阳和笔者等宗亲到北港仔珠泽蔡氏宗祠上香参拜。62 岁的台胞蔡长荣说：“我们祖先(从东石乡)搬到北港仔已传承 7 代了，北港仔蔡氏分有 3 支：标两公、标强公，连同公(居新岑里)，连义公(居北华村)，村里人口有 1600 多人，大都是珠泽户的族裔。”

第二天，交流团抵达新塭嘉应庙，参加“冲水路迎客王”民俗活动时，交流团团员蔡尤款、蔡清宽、蔡伟伦、蔡荣植、蔡金锯等几位西霞户的蔡姓乡亲也见到了他们的族亲，并一齐到新塭西霞蔡氏宗祠上香。西霞宗祠分两层，十分气派。走上二楼的拜堂，宗祠内供奉的不是祖先的牌位，而是一套清代从故乡晋江东石西霞带过去的《西霞蔡姓族谱》。这一套族谱编修于清代，由于年代久远，破损得厉害，一般不轻易示人。但时隔半个世纪之后，首次有大陆宗亲老远前来，便破例打开族谱让族人查阅。据族谱记载：新塭西霞蔡姓，原籍晋江东石，其十一世祖若美公携眷渡海入台，先于东石乡落足，于清康熙四十九年(1710 年)定居新塭。如今新塭 5000 多人口中，多数是西霞的族人。

● 2019 年 4 月 28 日，晋江市台湾同胞联谊会探亲交流访问团探访台湾漳化县布袋镇同名村

● 晋江市东石镇嘉应庙

● 晋江市东石镇嘉应庙的“九龙三公”神像

5 月 12 日下午，交流团来到台湾漳化县鹿港镇诏安里竹安宫参香，受到热情接待。在当晚由竹安宫主委林国忠设的欢迎宴会上，鹿港镇镇长王惠美、诏安里里长施进益特地前来向交流团的团员们敬酒，表示欢迎。王惠美在宴会上听说晋江乡亲来自大陆东石，十分高兴，她说：“你们来自东石吗？鹿港也有个东石里哦，欢迎你们常来。”鹿港镇的东石里规模也不小，有 6000 多人，大多数是晋江迁台者的传裔。在宴会上大家发现，鹿港同胞的闽南语口音与晋江东石的口音非常接近，连劝酒词“干落去”都一模一样。据鹿港蔡姓乡亲说，他们的祖先也来自晋江。

到台湾访问交流，感受最深的是：两个东石隔海相望，不仅地名相同、血脉相承，就连神祇、民俗、美食也一模一样。

一样的神祇——“九龙三公”

晋江东石有一座嘉应庙，庙中主祀神祇“九龙三公”；台湾嘉义的嘉应庙有2座：布袋嘉应庙和新塭嘉应庙，两座庙中祀奉的也都是“九龙三公”。三地的“九龙三公”扮相一样，均为黄袍加身、皇冠顶戴、黑脸黑须。嘉应庙俗称“三公宫”，奉祀宋代魏天忠及其父、其祖三代忠良。在闽台众多民间共同信仰中，嘉应庙“九龙三公”的信仰，是从晋江传播到台湾的一个典型代表。

据史料记载，晋江东石的莆阳蔡氏玉井户、珠泽户、西霞户及紫云黄氏、聚书丁氏、芦山苏氏等六大户头族人在明代以前就相继往仅一水之隔的台湾谋生。为恐风涛不测渡海安危生变，又怕迁台水土不服，特奉请仙迹境“九龙三公”香火护佑渡台庇佑平安。渡台后，初时神像设坛于民家礼拜，简居草茅于海滨。又不知迁居几次，越经数年后群居而共建庙宇，命名“嘉应庙”。布袋嘉应庙创建于清康熙元年(1662年)，为嘉南沿海供奉“九龙三公”最早的嘉应庙。新塭嘉应庙则创建于清道光十八年(1838年)，原名“嘉应宫”，改建后命名“新塭嘉应庙”。后随人们的迁移，香火也随之传播他乡。据不完全统计，现在台湾的“九龙三公”分炉有80多处，主庙有布袋嘉应庙、新塭嘉应庙、台北青龙宫、北

台湾布袋镇嘉应庙及其供奉的“九龙三公”神像

港仔嘉应宫、高雄宏龙宫、鹿港竹安宫等。

● 晋江市东石镇举办“闽台两东石，银球传友谊”活动

一样的民俗——“数宫灯”

闽台东石灯俗是闽台两地共有的民间习俗，具有明显的地域性和独特性，是加强两岸交流的一个重要纽带。

这一项民俗是由晋江东石镇嘉应庙和台湾布袋嘉应庙联手申报的非物质文化遗产项目，已于2008年入选第二批国家级非物质文化遗产代表性项目。近年来，在各级领导的重视支持下，每年都邀请台湾同胞一起举办“数宫灯”活动，吸引了不少台湾乡亲乘船越海，送灯而来。至今已有超过7000人次的台胞前来东石嘉应庙进香，参加活动。

● 2019年，台湾嘉义县布袋镇玉井户乡亲参加第11届海峡论坛“同名村·心连心”返乡之旅活动，在晋江市东石镇嘉应庙听取“数宫灯”非物质文化遗产讲解

在每年的元宵节，台湾的东石乡亲便会派代表送灯而来，并参加“卜灯”活动。如2011年元宵，前来参加活动的有台湾“一国两制”研究协会理事长蔡武璋先生、台北“中华奥委会”副主席蔡赐爵先生、台湾嘉义布袋镇镇长蔡坤彬先生、台湾嘉义布袋嘉应庙主委蔡清忠先生、台北东石联谊会原会长刘樵卿先生、台湾屏东嘉应庙代表蔡弘裕先生、台湾嘉义柯蔡宗亲会理事长蔡宏祥先生、台北市柯蔡宗亲会代表蔡正谅先生等100多人。同时在台湾布袋嘉应庙、新塭嘉应庙、东石乡鳌鼓嘉应宫也挂起了故乡晋江东石送去的宫灯（各11对），两岸互相祝福新的一年事业顺利、子孙兴旺。

晋江市东石镇党委、政府以闽台东石灯俗为纽带，借“数宫灯”的平台，早在2015年就与台湾布袋镇签约缔盟为友好乡镇。2019年，在闽台东石灯俗入选国家级非物质文化遗产代表性项目11周年的元宵期间，又开展了闽台东石灯俗传承系列活动，活动项目16项，持续16天。组团回乡参加活动的有台湾“一国两制”研究协会、台湾珠泽宗亲会、台湾布袋嘉应庙、台湾鹿港竹安宫、台湾北港仔嘉应宫、台北圆山佛祖寺、金门县宗族文化研究会、金门县古牒会、金门县

闽台东石灯俗——“数宫灯”

● 2019年，晋江东石镇与金门金湖镇签订友好乡镇协议

金湖镇里长会等成员共250多人。其中有四代人一起回乡参加祭祖的。正月十五当天，借闽台东石灯俗传承活动的机会，晋江市东石镇党委、政府与金门县金湖镇再次签订友好乡镇协议，并互赠友好纪念品。新任金门县金湖镇镇长陈文顾表示，今后金湖镇还会持续与晋江东石镇的联系，共谋两地的共同发展。

一样的美食——蚝仔煎

晋江东石镇是闽南著名的蚝乡，蚝仔煎很早就入选泉州市美食名录，声蜚海内外。台湾东石乡则是台湾蚝产量最高的蚝乡，全台湾的海蚝需求量80%是靠嘉义东石乡供应的。蚝仔煎在台湾的各个美食街都有设点摆摊，特别是台湾嘉义的东石渔人码头，更是声名大振。东石渔人码头各种新鲜的鱼、虾、蟹、贝，应有尽有，除了传统的蚝仔煎外，当地还别出心裁地创新研制了不少特色的“蚝仔包”“蚝仔串”“蚝仔酥”“蚝仔饼”等海蚝美食，吸引着众多海内外游客前来大快朵颐一番。

（蔡尤资/撰）

晋台三郭岑

自清康熙二十九年(1690 年)始,晋江东石郭岑族人迁居,台湾分布多地,现在台湾还有两处以"郭岑"命名的村落:嘉义布袋镇郭岑寮、台南市安南区土城郭岑寮,都住着东石郭岑村迁台的传裔。

晋江市东石镇郭岑村位于东石镇区西部,背山面海,东部与埔头村交界,南部与白沙村接壤,西至东石镇中岸工业区,北部与檗谷村相邻。金(井)东(石)公路从村庄东北部穿过,交通便捷,区位优势明显。郭岑村在明、清时属晋江县十都;民国三十三年(1944 年)属东石镇双碧保;新中国成立后,1956 年属东石区古塔乡,1961 年属东石公社郭岑大队,1984 年属东石镇郭岑村委会。郭岑村住居有郭、杨二姓,截至 2016 年,常住人口 3168 人,其中郭氏约 700 人、杨氏约 2500 人。村域总面积 4 平方公里,其中农用地 1400 亩。村民历来以务农、晒盐、讨小海为生,主要种植的农作物为地瓜、花生、大小麦。因土地瘠薄,收成无多,民国时期该村一度兴起木机纺织,利用这种手工行业增加一点经济收入,然而还是摆

晋江市东石镇郭岑村入村大道墙绘

脱不了穷困的生活。每如俗语所说："春寒雨落正二月，正是柴空米粮尽。"以故村民多有背井离乡过台湾下南洋谋生的。一直到1978年改革开放后，村上陆续办起几十家民营企业，从事印染、机械、木材、服装、五金配件加工、电脑绣花、制衣等，村民收入逐步增加，村庄日渐走向繁荣。

郭岑村历史悠久，据《郭岑郭氏族谱》记载：郭岑郭氏入闽始祖郭志学，由河南固始入闽，居住兴化，为郡博士。裔孙郭逢鹄始迁泉州，生三子：水湖、元昌、肇造。次子元昌迁晋江湖边之大仑，生二子：本昭、本明。本明生二子：宾约、宾育。宾育之长子洪泰肇居沧岑，次子洪玉居深沪，三子洪荣居同安，时在南宋嘉定年间。洪泰生有五子：俗贤、回翁、巽登、巽称、元郎，分为五房，分别以"仁""义""礼""智""信"为称，人丁繁衍。"岑"字的本义是山小而高，本来适合位于海岸边的郭岑村的地形。但是当地对这地名又有别解。相传明洪武年间，郭岑郭氏五房合建三间十一架的郭氏宗祠一座，因为祠堂前便是海港，外接石井江，因此海港号曰"沧江"，该村旧称为"沧岑"。郭氏建祠堂时，从海上运来的岑石特别巨大，有一条欲用于顶厅的岑石在卸货时不慎船翻石沉，无法打捞，只得用较小的下厅石岑代替。而这条石岑长达8米，宽0.84米，厚0.33米，乃是泉南一带建筑中最大的石岑。郭氏宗祠因岑石闻名遐迩，以故这个村落自此叫作"郭岑"。而今郭氏宗祠刻有联："宝塔焕文星塔上标名第一，沧岑夸胜地岑中称姓无双。"可证实其地名的沿革。

1990年，郭岑村郭氏在翻修二房祖厅时，从始建于明嘉靖年间的中厅发现一段砌在墙中的中梁杉头，周围刻有双钩楷书"清真"二字，杉头截面则刻着"清真，祖自光州固始县"，证实郭氏先代(约于元代)曾信奉伊斯兰教。郭岑村在1997年得到泉州市民政局、晋江市民政局的文件批复，承认其回族成分。2000年在福建省少数民族村社会经济调查中，郭岑村被列于全省469个民族村之中，多次享受到各级政府民族帮扶性质的专项拨款。

郭岑杨氏是元末明初来定居的。据杨氏族谱载，其开基祖为芙蓉(晋江后洋村)十六世杨克贵，与郭岑郭姓之女结亲，遂定居于沧岑。杨克贵传三子：应德(开基晋江罗山湖格村)、应祖、应宗。应宗生子一：湖溪。湖溪传四子：钦盛、钦瑞、钦河、钦图，自此分为四房，人丁繁衍。因为杨氏来得晚，所以住居之地只能选择在靠近海滩的地方，之前每遇大潮，海水常会漫灌到居民房屋内，到后来海面渐渐退缩，杨氏的空间便日益扩大，人口逐日增多，如今已经发展到两三千人，在台湾、南洋也有许多传裔。1988年，村中的杨氏家庙年代久远，倾颓欲塌，牌位毁而无存，遂发动海内外裔孙同心协力重建。2014年再度重修，内外油漆，换岑石，雕厝脊，整库池，面貌焕然一新。因自古与郭氏的甥舅关系，杨氏、郭氏两姓在郭岑村比屋而居、和睦相处，至今已经数百年。

始建于明初的郭氏宗祠坐东面西，木石结构，三开间二进，背后本有一道高丈余、长达一里的崖岸，门前对着浩瀚大海。沧桑变化，而今周围已尽是鳞次栉比的屋宇了。明末清初，闽南沿海一带是清军与郑成功拉锯战的战场。清顺治十五年(1658年)郭氏祠堂遭兵火焚毁，随之村民也因“迁都”(又称“迁界”)四散奔逃，祠堂竟变成一片荒地。到了清康熙二十八年(1689年)，台湾统一于清朝版图，百姓“复界”归来。经过5年休养生息，郭氏裔孙商议重建祠宇以祀祖先，尚因财力拮据，只建成一落九架，因陋就简。直至清乾隆五十四年(1789年)始重建为十一架二落，恢复原先的规模。复经二百余年，至1982年，因风侵雨蚀，后殿坍塌，诸裔孙不忍坐视祖龛置于风日之下，商议续修，驰书南洋，得到郭奕坐、郭奕炉、郭奕定等22位侨胞大力支持，慨捐43万余元，重建宗祠，

晋江市东石镇郭岑杨氏宗祠

晋江市东石镇郭岑郭氏二房祖厅中梁杉头上的“清真”刻字

易木柱为石柱，镌刻楹联，涂朱施彩，一易旧观。

郭岑郭氏保存着清乾隆三十四年(1769年)编修的《沧岑郭氏宗谱》，其中记载：自清康熙二十九年(1690年)始，各房分不断有人移居台湾凤山、旗津、台南郭岑寮等地，繁衍至今已有数千人。清末民初以来旅居新加坡、马来亚及港澳的有数百人。

在清代，东石海上航运业尤盛。郭岑村虽没有航运通商的大船，但是要乘搭商船来往台湾也是很方便的。因此，每回修谱都会派人到台湾，向迁台族人征集其婚嫁传衍的信息，登记在族谱上。据族谱记载，自清康熙年间最早往台湾的十二世郭锦里和十三世郭居善、郭一景、郭一起而后，十四世往台的有郭珍琅等6人，十五世有郭瑞祐等9人，十六世有郭钦外等65人，十七世有郭业厉等136人，十八世有郭文炎等204人，十九世有郭章由等204人，二十世仅登记郭燕池等20人。时因台湾被日本侵占，交通阻隔，而后再未采录于族谱。

从族谱记录可知，自清康熙二十九年(1690年)始，郭岑族人迁居台湾分布多地：台彰台(大)甲、淡防六份仔庄、台甲营盘口、台二林归社、台埤城、凤山县凤山庄、高雄苓雅寮。有意思的是台湾还有两处以“郭岑”命名的村落，一处是嘉义布袋镇郭岑寮，一处是台南市安南区土城郭岑寮。这两个村落都住着晋江东石郭岑村迁台的传裔。

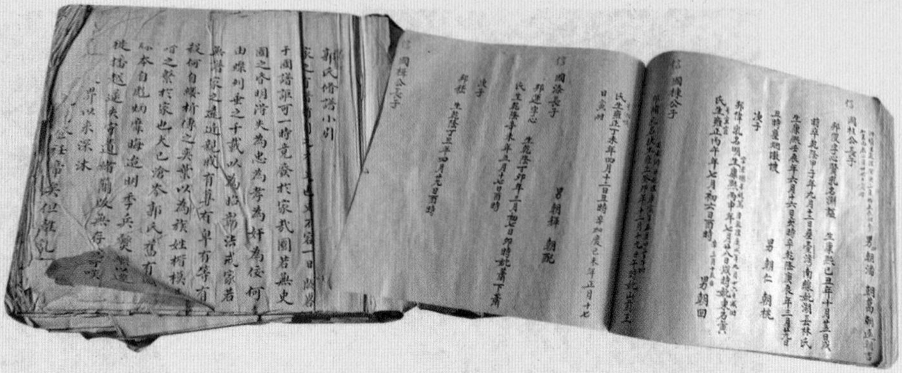

郭氏族谱

据台湾《福建泉州、漳州寻根祭祖暨宗亲联谊交流访问团特刊》资料，布袋镇郭岑村（寮）“以郭氏先民较多，其次为杨氏先民”，“郭氏先民来自大陆福建省泉州府东石郭岑乡，因郭氏先民较多，而以唐山故乡名称命名此庄以示不忘本，故得名”。初始先民只在此海边沙洲建草寮，以捕鱼为生。随着沙洲逐渐淤积，地盘扩大，前来住居的族氏越来越多，因资源争夺而引发械斗。后来郭氏纷纷迁出，以致当地郭氏人口比例不是很高。后来行政区划改变，改台南县布袋乡郭岑村为嘉义县布袋镇新岑里，但地方上仍沿用着“郭岑寮”的名称。本地居民自来靠海吃海，一度发展盐业，渔盐兼备，后来则以养殖虾、鳗、文蛤、蚵等高经济价值渔产为主。

台南土城郭岑寮，该地区原称“鹿耳门”，是进入台南的天险水道。清乾隆年间开放厦门、鹿耳门对渡，郊商繁兴。后来由台江内海淤积成陆地，港道不通，原来繁盛一时的商业遂告停止。“其西南隅，由嘉庆年间，从嘉义布袋郭岑寮迁来的沧岑郭氏聚成血缘聚落郭岑寮”。据当地谱本记载，土城郭岑寮渡台的先祖来自晋江东石郭岑村，“郭氏第五房，渡台先祖名邦庆，乳名钦贺，号敦理公，生于清康熙辛丑年，后裔孙称讳德祖，乾隆乙酉年（1765 年）……携长子业潘、次子业葛，同时从祖家恭请池府千岁随船庇佑，渡海来台。初居现嘉义县布袋镇新岑里（顶头郭岑寮）……于 170 余年前，后代子孙（文祖、章祖）再迁台南土城郭岑寮，再创家业，薪火相传……”该地居民以半耕半渔为生，“以郭姓人家为最大宗亲之居民聚落为主，其崇信池王和李王，并崇信郭姓始祖”，家族

海峡两岸郭氏宗亲联谊座谈会

历年传承在农历十月一日举办“吃祖佛酒,拜老祖公”的活动。

20 世纪 80 年代以来，不断有迁台的郭岑郭氏宗亲回大陆寻根。最早是 1992 年台南的郭聪敏先生组团到祖里寻根谒祖,受到宗亲的热情欢迎和盛情款待。

其时又有晋江东石郭岑村旅澳乡亲郭金场,20 世纪 90 年代入籍台湾,多次由台北到台南,查访分居台湾宗亲的信息。从嘉义到高雄到台南,在各地受到宗亲的热情接待，查明晋江东石郭岑五房分迁在台南郭岑寮的支派及本村三房分衍高雄的支派,促进了两岸宗亲的交流联络。

2002 年,晋江东石郭岑祖宇公厅重建落成,台南宗亲郭信良等组团前来参加庆典,并由郭信良担任主祭。

2004 年 11 月,由高雄旗津郭芳俊、郭芳宜兄弟和上竹里里长郭资佑先生组团 26 人,到祖里参加祖祠落成暨祔祧庆典,他们向祖祠献上“世泽积庆”牌匾,并慷慨资助建祠资金 50 万新台币。

2009 年 8 月,由高雄市郭姓宗亲会理事长郭国志任团长、台湾区榴阳王郭氏宗亲会理事郭启瑞、嘉义市郭氏宗亲会郭松村与土城郭岑寮管理委员会

台湾郭姓宗亲会到泉州/漳州寻根祭祖暨宗亲联谊交流

总干事郭崇英为副团长的福建泉州、漳州寻根祭祖暨宗亲联谊交流访问团一行22人到晋江市东石镇郭岑村，拜访郭岑村郭氏宗亲，受到热烈欢迎与接待，并参加祭祖仪式。

应台湾宗亲的邀请，2009年11月，晋江市东石镇郭岑村郭孙钊、郭建国、郭金阶代表郭岑宗亲会，与晋江、龙海等地郭氏宗亲代表组团赴台湾，参加农历十月一日在台南市安南区土城郭岑寮举行的祭祖大典与宗亲会。祭典活动安排五天四夜行程，包括游台南市赤崁楼、安平古堡等古迹，享用台南小吃，逛台南夜市，参加祭祖大典，参拜鹿耳门圣母庙，往嘉义布袋镇郭岑村与宗亲座谈，参观南部科学工业园区等，一行人受到台湾宗亲盛情的款待。

2010年12月，由高雄市郭氏宗亲会郭国志为团长，台湾地区榴阳王郭氏宗亲会郭清汉、彰化县郭氏宗亲会郭世雄为副团长的福建泉州、漳州谒祖暨经济文化交流团20余人到大陆进行访问交流，将晋江市东石镇郭岑村选为首站。据当时主持接待的晋江郭姓宗亲会秘书长郭沧泽的记录：交流团到东石下车，祖里的宗亲就给每个来客披上红彩，由西乐队迎接，沿途鸣放鞭炮，迎到宗祠内，各捻香叩拜先祖神位。礼成后，安排吃红汤圆，以示家族红火诸事圆满。而后举行座谈，畅叙情谊。再由乐队欢送，沿途鸣炮欢送至振东大酒店，互赠纪念品，致欢迎词，台湾宗亲致辞，然后上餐祝酒。其后还安排与东石镇政府座谈。接待十分周到。

2012年12月，以台湾世界郭氏宗亲总会，台北市、彰化县、高雄市、嘉义市郭氏宗亲会筹组的晋江东石郭岑、台湾嘉义布袋镇郭岑寮、台南市安南区土城郭岑寮郭氏宗亲福建敦宗睦族保祖墓之旅访问团41人来大陆访问。5日下午再次到晋江东石郭岑宗祠祭祖及与宗亲会面交流，当天晚上下榻东石。宗亲一同餐叙，互诉衷曲。台湾宗亲深情地说："台湾人80%的祖籍在福建，绝大部分是泉州、漳州。闽南语成为台湾的主要语系，因此我们对福建人感到特别亲切。台湾人苦苦追求的家乡梦、祖籍梦，无时无刻不在心上萦绕。两岸在漫长历史中，形成了血缘、地缘、神缘、商缘、法缘的独特文化。我们有着共同的文化、习俗、信仰、祖宗。"而晋江东石郭岑宗亲也以"乔木发千枝岂非一本，长江分万流总是同源"为勉，希望通过"经常性的往往来来，深化文化交流，加强联络，为两岸的宗谊做出更多、更广泛的贡献"。自此，海峡两岸3处郭岑村郭氏的来往年年岁岁络绎不绝。

● 台湾郭氏宗亲会访问团受到晋江市东石镇郭岑郭氏宗亲会热烈欢迎，并在郭岑郭氏宗祠合影留念

无独有偶,晋江市东石镇郭岑村杨姓在台湾也有许多分支,来往密切。据《杨氏族谱》(在“文革”中遭毁,1982 年族人杨人廉根据在东石的族人杨士岳保存的一份旧谱重修)记载:“我杨氏四房,谱牒自清康熙年间以来,接踵纂修,未曾间断。即道光年间分居于台湾新竹者,民国十年(1921 年),先父亦曾东渡缮修……台湾一支,因目前交通断绝,暂时停修,异日若得正式来往,再议补修……”“遂命世挝到台誊抄,幸世泉竭力鸠集,乃谐其事”。可知杨氏在清同治五年(1866 年)修族谱时,曾派家族中修谱先生到台湾,向迁居台地的宗亲征集家庭信息,登录在族谱中。又有民国十年(1921 年)《重修族谱序》记:“前者世付来书,欲续修族谱,偶遇日本前来管辖,不得通信,是以迟延,迨光绪廿八年,文幸思其

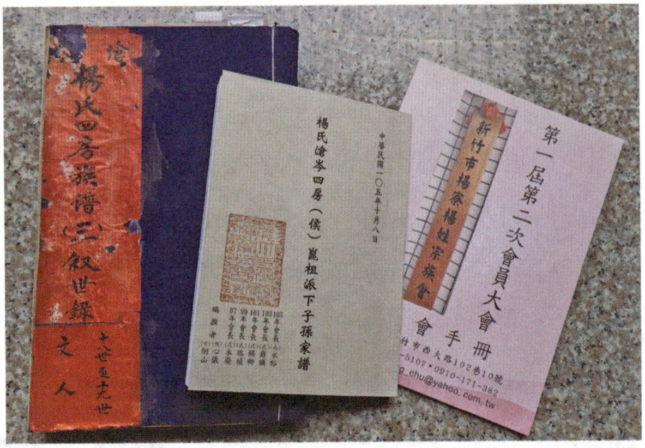

台湾新竹杨氏沧岑四房族谱

悬挂在晋江东石郭岑杨氏宗祠内的台湾新竹沧岑联谊会交流旗

● 晋江东石郭岑杨氏宗祠内悬挂的台湾杨氏新竹裔孙敬献匾

世远年湮，恐日久失记，即先修纂稿，候台湾凑合。适民国九年（1920 年），世番回梓，璘会房长佥议，托颖寄与台重修家谱。幸诸宗亲应成，璘遂命儿梧同文研到台湾誊抄，幸世番同清池倡首，及文龙、文糊、人进来等帮助鸠集，乃成其事。璘请几位先生观阅族谱，皆曰：五十余年谱牒甚多，笔资近于五百元之左退，房长曰难谐其事也，璘曰：此谱于二十世之久，亦不可再缓，而房长义举，命儿梧任其事。璘思儿庸劣疏才，素无经济，恐不能胜其任，虽吾房之谱，亦关系非轻也。但房长之命，不敢故违。喜担任纂修，今之告成，俾世世子孙，一览而知本源，爱其所亲云尔。”可见民国初年，虽当时台湾在日本殖民者控制下，晋江东石郭岑杨氏也曾派族人到台湾新竹抄录宗亲资料，并得到在台多位宗亲资金方面的帮助，以完成修谱的工作。

历经繁衍，而今聚居在台湾新竹市杨寮村的杨氏族人已逾千众，他们“自成一派，三四十年间先后组织杨寮族亲会、编纂族谱，创立新竹市杨姓宗亲会，组织新竹市各姓宗亲会协进会，设立新竹市杨寮杨姓宗族会（新竹杨寮沧岑联谊会），成为新竹地区杨姓的圭臬，受各姓宗族领袖所青睐而刮目相看”。因为有旧族谱作底本，他们修有一本《杨氏沧岑四房（侯）昆祖派下子孙家谱》，其中明确其迁台始祖为沧岑杨氏四房杨侯昆。族谱分为“杨寮杨氏（侯）昆祖派下子

● 晋江东石郭岑杨氏宗祠前竖立的记台湾新竹沧岑杨氏宗亲返乡寻根谒祖暨捐资碑

孙族谱重修志”“杨氏大宗字行(与大陆一致,自九世起为:廷宇伯庆、侯尔宗孙、世文人士、式位元功、明时光祖范、敦贤克孝、建业振家声、铸礼陶诗)”“杨姓芙蓉三房分派沧岑四房谱系”“沧岑杨氏四房谱系图”“(在台) 各房分支谱系”几个部分。

郭岑杨氏虽分隔多年未曾联络,但是两岸族亲的感情却从未断绝,互相之间不断通过各种渠道打听、寻觅。1992 年,闻知台湾新竹市议员杨金土到石狮市参加董杨宗亲会,晋江东石郭岑村杨天场、杨士岳、杨人星 3 位宗长特意到杨金土住榻的酒店拜访,探问在台宗亲的信息。杨金土说,自己 9 岁时父母即已去世,只知祖家在晋江,竟不知道具体在哪个村落。他还说起最近新竹杨寮村杨氏正在组团, 准备到晋江东石郭岑村谒祖探亲这件事。得知这个消息,3 位老人十分高兴,连忙赶回家通知村人,由 4 个房各派出 2 人,组成接待组,协商并筹备欢迎台湾宗亲的来访。到了月底,果然由杨清波、杨金木率领 17 人的谒祖访亲团来到郭岑,得到郭岑族亲的热烈欢迎。查看族谱,确认台湾新竹杨寮宗亲多是沧岑杨氏四房迁台的后代(郭岑杨氏顶房、四房迁台者最多)。台湾来访的族亲看到当时祖里的经济尚未发展,道路建设很差,下雨天一路泥泞,小学初创,设备简陋,连课桌也是用木板在土坯上搭起来的,很想为祖里的建设贡献一分力量，当即由杨清波、杨金木、杨永昌、杨万吉、杨荣等慨然合捐2万美元，供作铺设祖祠石埕、通道、库池等项目资金。杨金木还问：“如果单是本村杨姓人家，投建自来水工程需要多少钱？”因为本村杨、郭两姓自古是甥舅至亲，向来关系密切，所以郭岑宗亲回答：“如果要建，那就应该整个村一起建。”台湾宗亲也同意了。但事经两年，村里还没有做出工程预算。台湾杨氏的四房头已经发动捐资，并派人来询问何时动工，村中没做出答复，所以这笔款就没有汇来。

2000 年，台湾杨氏宗亲得知祖里四房西厝的祖厅破损严重，遂倡议捐资重修。工程由本村杨人狮董理，台湾宗亲捐资新台币 206 万元(兑换成人民币 47.5 万元)。本村杨清沟等族人捐出房产 44.3 平方米，折合人民币 1.329 万元，又捐现金 700 余元，计共 1.4 万元，将祖厅修葺一新。厅壁有石碑记载修建始末：“西厝户源自沧岑杨氏四房，七世祖建盈公派下，因居处里闾西畔而得名，经历明末清初朝代更迭之动荡，村落地处海滨一隅，免遭战乱之劫……随着闽南人移居台湾的历史潮流，陆续有部分堂亲迁台定居于新竹一带，经数代人的勤劳开拓，户户发达兴旺，多有建树，现居台堂亲已逾千人。百年来海峡风云变幻，交通阻断，两岸堂亲手足情深，互相思念永不忘怀。及至 20 世纪后期，海峡形势和缓，居台堂亲即数次来人寻根谒祖，重叙亲情。两岸堂亲一脉同根，枝荣叶茂，人才辈出，光前裕后，咸沾祖德之流徽也。原祖宇为十一世祖伯遗公始建于清康熙年间(1710 年)，经历 250 年风雨，虽历代多次修葺，因年久老旧不堪……

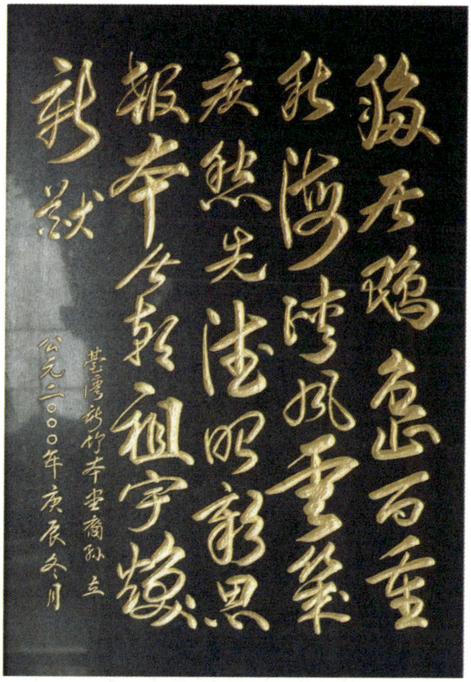

● 晋江东石郭岑杨氏祠堂内镌立的台湾新竹杨氏裔孙诗刻

乃致函新竹堂亲，陈以其事，承蒙他们热情支持，视为己任，主动协同，承担了所需资金之大部分，力促玉成。锡栋、锡辉、锡斌3位堂亲对此甚为关切，特于2000年10月间专程回故里洽谈此事，共襄壮举，并主动承担厝体工程所缺资金人民币34万元的捐集。锡栋堂亲虽年过花甲，不辞劳累，立即赶回台湾筹措募集，保证资金及时如数到位，使工程得以及早开工，厝体于2001年建成，又因装修资金不足而停顿，锡斌堂亲立即应承，与锡辉堂亲共同捐献所缺数7万元，使装修得以顺利完工，彼等热心公益，慷慨解囊，尊宗敬祖之善举，誉满乡里，为我堂亲族人所称颂……”

碑记和祖厝前对看堵所刻的诗句“横跨海峡乐安居，饮水思源望里闾。岑岭沧江风景秀，地灵人杰著诗书”，以及门柱上所刻的联文“闽台跨海峡河山一衣带水，谱系溯渊源宗亲两岸同根”，无不体现着海峡两岸沧岑杨氏血浓于水的情感。

（郭沧泽、郭永叠、杨天场/供稿，粘良图/整理）

东石岑兜——海峡对岸萧姓的母乡

晋江市东石镇岑兜村萧氏岑海派往台后的主要居住地是嘉义县布袋镇，现在已遍布台湾西部地区。金门的萧姓，也同样与晋江市东石镇岑兜村有很深的渊源。

晋江市东石镇岑兜村位于东石镇区东南部，与埔头、麦园同属埔头行政村。埔头行政村全村人口 1700 余人，区域面积 1.5 平方公里，耕地 823 亩。金井镇往东石镇的大路穿村而过，路北为埔头自然村，路南是岑兜和麦园村。这里土地都是瘠薄的山坡地，海是一片淤浅的海滩，历来当地的百姓只能靠种番薯、大小麦、花生或讨小海为生，生计窘迫。直到改革

● 晋江市东石镇岑兜村迁台族裔萧登波捐建的水泥路及隘门

开放后，乡镇办了不少企业，家家户户靠务工收入，经济有了很大变化，新盖的楼房鳞次栉比，呈现出一派新农村的气象。

从埔头村委会横过公路，顺一条宽阔的水泥路向南，迎面有一座装饰华丽的高大隘门，横枋写着“岑兜村”3 个大字，下面写“子良大道”，门柱刻联：“子夜星光千秋辉宝岛，良天雷雨万里洒家山。”朝内一面横枋写着“兰陵衍派”，对联是：“岑山起凤三江同跨越，兜海腾蛟两岸共飞翔。”隘门旁立有一座石碑，刻着“萧登波先生捐建子良路”。村里的杨支书介绍：岑兜村民大都姓萧，“兰陵”是萧氏的堂号。该村现有人口仅 400 多人，但繁衍台湾的有上万人。这座隘门以及从村口通祠堂四五百米的水泥路，就是由台湾著名的南良集团总裁、第四届环球萧氏宗亲会大会主席、岑兜村迁台族裔萧登波先生捐建的。

据说，岑兜村的历史可以追溯到 700 多年前宋代末年。但由于族谱在清初“迁界”时毁坏，现存的《岑海萧氏公谱》只从明初的安乐公记起，称为肇基祖。安乐公生一子朴素，朴素生三子：翠岑、奇琏、存公，自此分为三房，居地分别称“岑头”“岑下”“岑兜”，总称为“岑海”。后来陆续有族人迁出，往浙江丽水、温州，泉郡南安、安溪、金门等地开枝散叶。清代以来，渡台湾、下南洋的更多。以故村中住户减少，就只称“岑兜”或“岑海”了。

如俗话所说的“地瘦栽松柏，家贫子读书”，岑兜这个僻居海滨的小村，历史上却出过不少名人。

存公有个儿子萧景腆，明嘉靖初年当过长洲县典史。典史只是知县下面掌管缉捕、监狱的属官，官卑职小，但萧景腆却因仗义救护清官，抗击皇帝派来收税的宦官，很有名气，在《明史·人物志》中可以看到关于他的记载。

● 晋江市东石镇岑兜村萧氏宗祠内悬挂的“仗义英风”匾

萧景腆的孙子萧腾凤是明隆庆二年（1568 年）进士，历任广东、南京、苏州等处知府，后升两淮转运使，颇有名望。《晋江县志·宦绩》有他的传记。

此外，族谱还记有：

萧都（一名威克），住籍温州，中清康熙八年（1669年）武举，历任陕西宁夏左卫、浙江怀远卫、江南督运守备，升都阃府。

● 岑海萧氏公谱

萧盛泰，官名泰，累授左右哨千把总，例授奋武校尉。其弟萧盛平，任台湾镇标外委。萧赞，以平台湾有功，加都司佥书，例授昭武大夫。

萧国俨，官封台湾镇标外委。乐善好施，人称“萧佛”。

萧国华，官封台湾镇标外委。

又有萧汉杰（国华之子），清嘉庆二十一年（1816年）岁贡，是当时泉州有名的文人、书法家，他撰写的《重修顺济桥记》和清源山瑞像岩题刻至今犹存。

据族谱记载，岑兜萧姓虽自泉城凤翼大宗祠分派，但其字行与大宗祠的“德业隆千古，追源世克昌……”不同。自十二世起，岑海萧氏字行定为“汉廷鸿业肇先声，奕世传家有盛名，若克绍承宗祖德，永怀经学志光荣”。编字行时应是在清康熙年间，经过“迁界”劫难之后，族人重新聚合的一项举措。按照常规，编字行、修族谱、修宗祠应该同时并举。但由于族谱资料缺失，没有发现这方面的记录。

“复界”之后，“海禁”开放，闽南沿海贫苦农民纷纷渡台谋生。从现存的族谱资料可以看到，岑兜萧姓往台者从十二世“汉”字辈开始，而以十三世“廷”字辈去台者居多，时在清康熙至乾隆年间。

十二世去台的有：

汉端、汉千、汉万、汉略，兄弟四人俱住台文甲；

汉睿、汉颖二支，俱住台彰属后湖厝庄；

汉邦，此支住台笨港；

汉介，此支住台刘厝庄；

汉权，此支住台南路；

汉印，住台淡水后笼溪州。

十三世去台的有：

廷宽，住台新竹桥；

廷仍，住台布袋嘴；

廷侨，住台布袋嘴；

廷所、廷乞，俱住台南鲲新竹桥庄；

廷来，此支住台彰属后湖厝庄；

廷某（名缺），汉淮公次子，此支俱住台淡属后笼溪洲；

廷卯、廷鹍，俱住台淡属大甲；

廷阁、廷宽等俱住台湾彰属后湖厝庄；

廷倬，自小渡台湾布袋嘴，葬台湾嘉色龙蚊潭新庄；

廷偶，葬在台湾；

廷伟，自小渡台湾布袋嘴……

其后还有一些往台的记录，但已明显减少了。根据记录可知清康熙至乾隆年间，岑兜（岑海）萧氏分布在台湾嘉义县布袋镇人数最多，为了纪念母乡，萧姓族人将他们聚居的地方取名为“岑海里”。建有两座奉祀萧姓祖先的庙宇：岑兜庙武圣殿、萧府大帝殿。时祖家和迁台族亲颇有往来、声气相通，所以能明确记录往台族亲的居住地。

● 台湾嘉义县布袋镇岑兜庙

据台湾文献会调查统计，萧氏目前在台湾是居第 27 位的大姓。1991 年，东南亚一些萧氏宗亲组织成立了环球萧氏宗亲恳亲会，每两年举办一次。2004年第四届环球萧氏宗亲恳亲大会是在台湾高雄举办的。台湾萧姓大多是清康熙以后从福建、广东迁徙入台的，分属凤翼、浯洲、岑海、泰和、饶平、书山、涌山、斗山8个派别。其中岑海派就来自晋江东石岑兜村。台湾萧氏族谱资料表明："岑海派来台后的主要根据地，就是嘉义县的布袋镇，当年从祖籍泉州晋江岑兜乡来台，开基的始祖共有6位，即萧汉文、萧汉武、萧汉世、萧汉束、萧廷弼和萧维尚。另外一位萧祖功，则开基台中，他的子孙也繁衍于台中地区。岑海派的子孙，现在已遍布于台湾的西部地区，在嘉义布袋，依旧人多势众。"

不仅在台湾，金门的萧姓同样与晋江东石岑兜村有很深的渊源。

据《浯洲萧氏族谱》记载：唐入闽始祖刺史公曦，字德卿。唐僖宗时官刺史，中和元年(881年)避乱由江南入闽，居长乐县，为萧氏初祖。其裔孙潢，于宋初迁温陵，卜居泉州萼辉铺。明初有萧造端入浯，又有萧一郎者，原居晋江岑兜乡，孙彦定、彦友迁徙来浯，定居沙尾，分居东萧、东衍、后园、前水头、后浦、下市等处……一郎公孙彦定公在沙尾，彦友公在东萧开基……其传裔除现定居金门的外，还有迁居台湾的约120人，迁居澎湖的传有港子南萧派、港子北萧派，有往菲律宾、马来西亚、新加坡、印尼、美国的共计近百人。金门萧氏在1925

● 晋江市东石镇岑兜村萧氏宗祠

年不分支派，在金沙镇东萧合建大祖厝(萧氏家庙)。民国三十五年(1946年)，曾有澎湖、高雄宗亲组团自行开船到金门祭祖。

可见金门萧姓认岑兜一郎公的孙子萧彦定、萧彦友是金门萧氏的开基祖，认可晋江东石岑兜是他们的母乡。

中国人自来将宗祠作为寄托灵魂的处所，而闽南的宗祠更增多一层联结海内外族人亲情厚谊的重大意义。人们在晋江东石岑兜村参观萧氏宗祠，应对此有深刻的感触。

祠堂为1985年重修，是闽南特色的三开间榉头止建筑，燕尾脊顶，上立鸱吻，红砖面墙，条石墙裙，大门上构有门亭，青石牌匾刻“萧氏宗祠”4个大字，白石门楹上刻联句：“河南开远泽，岑海著先馨。”入门就看见大厅前朱漆梁栋上挂着一方“孝廉芳正”匾额，从里到外的石柱上都刻着歌颂祖先美德懿行的楹联，如“正气干秋昊，高名属史臣”“献谱蒙题忠孝字，登堂合省子臣心”“冢宰居唐朝势位堪述于后，功臣流汉代芳名犹传于今”等等。大厅里面一排8扇朱漆鎏金的隔扇，背后是安放列代祖先神主的神龛，前面摆着长案桌、八仙方桌，是春秋祭祀、节庆上供的地方。隔扇顶挂着“登科”“历任文衡”“仗义英风”等匾额。大厅左右粉墙墨书擘窠大字“忠”“孝”“廉”“节”。下厅左右庑廊墙上分别嵌有黑石鎏金的《岑兜宗祠重建碑记》和《捐资芳名碑》。

《岑兜宗祠重修碑记》将萧氏家族及宗祠的历史说得很清楚，特抄录如下：“岑兜溯源于河南，定居于宋末，距今七百余年。宗祠始建于明代，曾聘地理名师张廷彬择地而建，穴坐孩儿吸乳，走廊一大一小，师曰：‘进前三宰相，退后万

● 晋江市东石镇岑兜村萧氏宗祠重修碑记

● 晋江市东石镇岑兜村萧氏宗祠捐资芳名碑

人丁。'时为科举年代，重于功名，故位定于前。自此人才辈出，人丁不进。且缘地瘠物歉，活计惟艰，四处奔离，或远涉台浙，或近移泉郡、安平、南安、安溪等地，据外迁统计已逾万人。近代陆续漂洋过海，旅居星马谋生，亦有二百多人。在村人口四百多人。清嘉庆年间，举孝廉萧汉杰，衣锦还乡，重修宗祠，光宗耀祖，造福桑梓，迄今二百余年。迨于1982年重修族谱，斯时因逢暴雨，祠堂走廊坍塌，奈村小民窘，欲修乏力。经修谱师杨人廉先生建议，发动华侨捐资，遂代笔致书海外，幸蒙侨亲萧先炎、萧先江二位宗长积极响应，奔走各埠向亲人劝募。于1985年择吉开工，因资力不丰，惟作重点修葺，故先修顶落。1988年，萧亚耳女士旋梓省亲，知吾乡重修宗祠，因乏资而工程中断，遂慷慨解囊捐助，续建下落，光耀门楣，懿德可嘉。1990年旅台宗亲萧金炉、萧金水先生，组团回乡拜祖，热心家乡公益，鼎力资助，进行内外装修，工程始告完竣，历时十三年之久。1997年冬，台亲萧登波先生，离乡七代，世代相承，秉祖训而率团回乡谒祖，对大宗落成庆典及整铺村间水泥路殊为关注，兼表示巨资赞助。乡人喜悦万分，信心倍增，遂即修砌路基，并进行筹备庆典事宜，以迎接海内外亲人荣归故地。重建家园，则祖宗慰甚，乡人幸甚云尔。董事会立，公元1998年戊寅三秋朔日。"

其《捐资芳名碑》表明，因本村人口少，经济有限，宗祠修建的前期，悉赖发

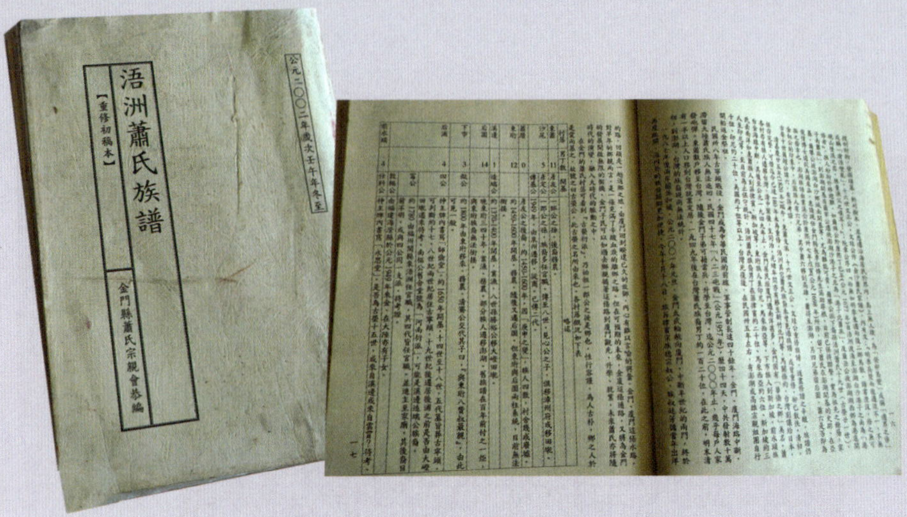

● 金门《浯洲萧氏族谱》

动旅新加坡、菲律宾、马来西亚的侨胞捐资，断断续续地修建。从 20 世纪 90 年代初，台湾寻根之旅开启，始有本村迁居台湾的同胞组团来访并捐资祠堂。期间计有萧锦钟、萧金炉、萧金水、萧登波、萧高旭（台湾第六届萧氏宗亲会总会会长）、萧杨、萧天赞等人捐人民币341150 元、港币 3000 元。台胞的回馈，遂使宗祠得以顺利完工，落成庆典得以隆重举行，村中道路亦得一改旧观。祠堂落成后，每年常见有台湾同胞来这里烧一炷清香，拜谒祖先。

大宗祠中现在珍藏着一册金门族裔送来的、印刷精美的《浯洲萧氏族谱》，其“开族志”篇末写道：“1987 年两岸关系和缓，公元 2001 年元旦，金门太武轮航向厦门，中断半世纪的两门，终于再度启开，海内外族裔归乡更加便捷。今年（2002 年）10 月 18 日，旅菲律宾宗亲德宗叔公、族叔廷芳，循当年出洋的路，回头走一趟返乡之旅，由厦门回到睽违已久的故乡，内心有难以言喻的兴奋。金门、厦门这条水路，对早年的乡亲而言，是一条充满了辛酸血泪的乡离之路，但在可预期的未来，金厦这条通路，又将为金门的发展开启无限的契机。金门子民可以如过去乡亲，循着这条路到厦门观光、升学、就业。未来萧氏亦将随时代的演变，融入大时代的脉动之中……”金门同胞的这段话语，也可以看作千万台湾同胞向往回归的心声。

（粘良图/撰）

晋台玉园缘

晋江市东石镇麦园村诸姓迁台大多在明、清两代，以台南北门乡蚵寮庄（玉园）居多，率以麦园的雅称“玉园”为堂号。

泉州市与宝岛台湾仅隔一条海峡，由于种种原因，在不同时期有大批泉州人东渡移居台湾，为开发宝岛做出了很大贡献。泉州也成为著名的台胞祖籍地之一。两地人民血脉相连、语言相通、习俗相似，有着密不可分的地缘、血缘、史缘、文缘、物缘、神缘关系。在这些迁台的泉州人中，就有不少现在晋江市东石镇麦园村人。

麦园村旧属晋邑十都，位于晋江西南沿海突出部，西距东石镇区近2公里，现周边与埔头、岑兜、白沙、潘径、龟湖诸村交界。旧时只有与西边的岑兜、西北侧的埔头接壤，南、东、东北侧均被港沟、滩涂（南、东靠陆地处还有盐田）围绕，实际上是个小半岛。

麦园村所处地域古称“涂家涯”。过去，船由围头澳经石井江口转入白沙村后海自西往东经郭岑海埭、坎脚埭、前宫埭再转向北至施厝埭，而后由东向西来到麦园村后，入泊涂家涯码头。麦园曾名“玉国”，又名“玉园”。

麦园村此地，唐代即有先民居住，至清代有王、洪、涂、翁、蔡诸姓混居，现在仅有王、洪两姓。王氏郡望“太原衍派”，堂号“开闽传芳”；洪氏郡望“燉煌衍派”，堂号“六桂传芳”。据《西山杂志》载：麦园地处沿海，村民具有“泉州人个个猛”“爱拼敢赢”之闯劲。且所在地，地瘦人贫，为求生存发展等各种原因，很早就有人背井离乡外出谋生，有的甚而举家往外迁徙，定居异地，开枝散叶。据载：麦园人往外迁徙之地主要有南洋诸国、安南（占城）、台湾地区和福建省的同安、南安及晋江的金井等地。涂姓迁同安，至20世纪70年代麦园村还有一

● 晋江市东石麦园安澜宫供奉的“飞天大将”

● 晋江市东石麦园玉华殿供奉的“齐王爷”

座涂姓的古厝，现已拆毁。东石畲家寨林銮航海时，有一名舵手名叫涂斗，即为麦园人。翁姓迁晋江龙湖翁厝头。王姓迁南安水头巷内、晋江金井曾坑。洪姓迁晋江金井。蔡姓迁晋江东石，至20世纪50年代，还有一位出嫁松柏山村的麦园蔡氏女来麦园原蔡氏已废弃的公妈厅地祭祀。麦园村各姓迁往台湾者最众。据传，台湾嘉义县有个麦园乡即是一部分麦园人迁台的开垦地(但至今未考证，也无联系)。

据传及现存族谱记载，王、洪等麦园诸姓迁台大多在明、清两代，移居地有淡水、彰化、西螺、嘉义、台南、高雄等地，又以台南北门乡蚵寮庄(玉园)居多。据返乡谒祖访亲的台胞介绍，麦园人往台者在蚵寮庄定居之后，为了生计又散居到白沙崙、大丰、新塭、北门、台北、高雄等地，率以麦园的雅称“玉园”为堂号。现在蚵寮庄(玉园)之居民绝大多数为移台麦园人之后裔，王、洪、蔡、涂、翁各姓均有。

据麦园人口口相传：在清代有一批麦园人为了谋生，相邀为伴，带上简单行装及村中保护神“飞天大将”、“安溪城隍”(即“显佑伯”)、“齐王爷”诸神明的塑像，乘船经黑水沟往南台湾。船靠岸后，众人口渴难耐，从路旁一水井打水喝，不意一位胸前包中装有一尊神明塑像的人弯腰时，神明掉进井里，打捞不着。众人认为，这可能是神明指示要大家在此安歇。于是，便停下来，搭盖简易草寮安歇，并将此地叫为“井仔脚”。因为此地靠海又有海滩地，地理地貌与故里麦园相似，于是大家就在此以插蚵维持生计。每当海蚵成熟出售时，周边的人来此买蚵，就将此地唤作“蚵寮”。这一批人生活逐步安定之后，又有人返乡带去家人或族人前往定居。后来有的人为了发展又向台湾其他地方迁徙。这一传说恰与台南北门的蚵寮庄王氏宗祠中碑文《台湾台南蚵寮五房王沿革》所载相同。碑文记载：

……王氏一支避居闽南泉州，世代相安无事，迨清兵入关，种族欺凌日甚，加以家乡地瘠民贫，生活艰难，先祖乃与乡人、邻居相率于清朝乾隆年间，乘帆船渡海来台开垦，途径黑水沟(嚎沟)天险，蒙神明庇佑，终能化险为夷，平安抵达北门屿王爷港，初暂居石井崙沙洲，后徙蚵寮定居。依海滩。

福建原籍泉州府晋江县田中央，后徙玉园乡第十都南门外，先祖王庭芳来台定居处属台湾台南府嘉义县开化里麻豆保蚵寮庄，初以插蚵维生，亦曾数度返乡省亲，并接太祖妈来台定居……本族辈序：……家、庭、元、秉、清、克、绍、前、光、庆、承、祖、武……

晋江市东石麦园王氏宗祠

晋江市东石麦园洪氏宗祠

此碑文所载的内容与麦园族谱记载及传说大体一致，只有细微差别。如麦园王氏族谱记载，麦园村王氏是由泉州田中央迁入(这两地记载完全相同)，王氏辈序之一段为："廷、元、秉、清、克、绍、前、光、敬、绳、祖、武……"(辈序两地只有"庆""承"与"敬""绳"不同，这可能是谐音所误)至于碑文中之"后徙玉园乡第十都南门外"，应是记忆所误，记述颠倒，正确的应为"泉州南门外第十都玉园乡"。

闽台两地麦园人在1949年以前，尽管隔着台湾海峡，还是常有来往，且关系密切。麦园有座"台湾厝"就是最好的见证。据说，大概是清代时，台湾时常发生"反乱"，有不少在台麦园人回乡逃避战乱。但当时麦园村庄小厝宅少，为了让回乡的台湾乡亲有房屋居住，于是两地的麦园宗亲，有钱出钱，有力出力，在王氏宗祠的东南侧建起了一幢"同"字形排屋，让回乡的台湾宗亲住下。房间都不大，但尚可让一家一户暂时居住。后来回来的人更多了，房间不够用，于是围着排屋又加盖了一圈平房，使之成为"回"字形的厝式。直至台湾时局平稳后，这些宗亲才返回台湾。但是，人去厝还在。因为这些低矮的厝是让回乡的台湾宗亲住的，所以人们管这圈厝叫"台湾厝"。可惜，这座厝因旧村改造时拆掉了。据村里老一辈的人讲，大概是在清末或民国初年，麦园王氏为了翻建宗祠，曾派人带族谱往台湾向当地麦园王氏族人募款,募得的款额足够让宗祠翻建“半壁红”(即外墙壁下半部白石,上半部红砖)。可惜,往台募款的人回乡时,两手空空,说是船遇风浪,钱款和族谱都丢失了。1949 年前,晋江东石白沙头“六姓府”庙会,也常有在台麦园人来赶庙会。有位叫王玉龙的是拳头师傅,每常借到白沙头庙会打拳卖膏药的机会,顺便到故里谒祖省亲。麦园洪氏还有一位理发师傅在清末民初往台湾理发谋生,在台定居。

自从 1949 年之后,两岸亲人再也没有联系。至 20 世纪 80 年代末,两岸局势逐渐和缓之后,就有在台湾麦园人陆续回乡谒祖访亲。

因两岸关系隔绝时间长,且知道两岸麦园人关系的基本不在世,让两岸麦园人的联系断而复续地皆缘于“玉园”两字。

虽然“麦园”是现在正式村名,但是两岸麦园人都爱用“玉园”这个雅称。晋江麦园王氏家谱封皮冠名为“玉园乡”,各户门头彩绣字样是“玉园传芳”,竹斗笼(竹篮)写的是“玉园为记”,就连学校也称“玉园小学”。迁台的麦园乡人也一样,新厝门头匾题刻着“玉园传芳”,就连《台湾的王氏大族谱》中,由麦园迁往台湾的麦园王氏族人是独自编成为一栏目的,称为“玉园派”;在台洪氏麦园人组成“玉园堂”……

正是两岸麦园人对“玉园”两字情有独钟,因此“玉园”成了 20 世纪 80 年

晋江市东石麦园玉园小学

原高雄市民政局局长林金枝受王玉云所托前来晋江市东石麦园查阅族谱

代两岸破冰之后，两岸麦园人联系得以重续的关键词。这有很多事例可以说明。

台南县北门乡的王茂竹,20 世纪 80 年代末就到大陆投资设厂,曾任漳州市台商协会会长。当他在漳浦县投资的和运制衣有限公司等企业开始建成营运之后,他在台的一位年已 90 多岁的三叔公再三交代:“我们的祖辈是从大陆过来台湾的,现在两边可以来往了,我已经去不了,你一定要去泉州晋江南门外玉园乡认祖。”上辈的嘱托,王茂竹不敢怠慢,他多方托人及亲往泉州、晋江两级台办寻找玉园乡。可能是麦园村村小名微,很少人知道玉园乡即麦园村。他往返 3 趟,历时 3 年均寻找不到。但是功夫不负有心人,一天下午他再到晋江沿海一带查问,当驱车来到麦园时,刚好遇到笔者本人,他问:“玉园乡在哪里?”当我告知此村子即是玉园乡时,他还将信将疑。待笔者带他到村中找来王氏族谱,他发现族谱封皮上书“玉园王氏家谱”时,便激动不已,接着他又在族谱内页中发现他的祖辈兄弟名字清象、清狮、清麟等赫然记录在族谱中,名字下又标注着“迁台湾蚵寮”时,就情不自禁地喊叫起来:“终于找到啦!终于找到啦!”后来,他托麦园宗亲代办祭筵祭祖,并请麦园宗亲为他抄下族谱中的部分内容带回台湾。

王玉发在晋江市东石麦园王氏宗祠里签名留念

● 晋江市东石麦园王氏宗祠内镌立的光里碑

在台麦园王氏族人，出了不少政商名人，他们也都纷纷回乡谒祖省亲。他们当中有原台湾高雄市市长、台湾中兴银行董事长、华荣电缆电线有限公司创办人王玉云及其大弟王玉发(曾任台湾第一铜铁公司董事长、台湾华荣电缆电线公司董事长、台湾时报董事长等职)，五弟王玉珍(曾任台湾“监察主委”)。两岸还未“三通”时，他们的父亲王舍抄曾因为思念故乡，专程来到香港，跪着遥望大陆，潸然泪下。临终之前再三交代其子孙，今后只要有机会一定要到唐山晋江玉园乡谒祖访亲。当两岸开启“三通”之门后，他们便请大陆诸多方面帮助在晋江寻找玉园乡。后经福建、泉州、晋江的各级台办、统战部帮助才找到麦园村。当初步确认麦园又名“玉园”后，为慎重起见，他们又拜托林金枝(祖籍惠安，是王玉云任高雄市长时的高雄市民政局长)回乡谒祖时，特意到麦园来查证。当从各方面确认了之后，1992 年王玉云马上携夫人带着长子王志雄(时任台湾地区民意代表)、五弟王玉珍、侄女等一群人来麦园谒祖，并到山上的玉园王氏七世祖墓前祭拜。在麦园王氏宗祠内，王玉云激动不已地介绍了他的祖辈迁台后的辛苦创业史和他们的寻找祖地历程，并表示他要为故里的建设出一份力。返台后，他的大弟王玉发又带来了一些人回乡谒祖恳亲。王玉发来麦园村时，曾入“台湾厝”参观并留影。之后不久，王玉云又来大陆访问，虽未再到麦园村，但是他请麦园王氏宗亲派人到其下榻的泉州酒店会面，并当着泉州、晋江两级市领导的面，以台湾财团法人舍抄楼兰社会基金会的名义向麦园村捐款港币 100 万元（其中表明 30 万元用于重修王氏宗祠，10 万元作为教育基金，其他 60 万元作为修建环村水泥大道等建设费用）。他返台后还非常关心故里的各项建设情况，曾多次派人来麦园村关心指导。

麦园村洪氏与台湾宗亲取得联系，则是麦园村洪氏通过电话拜托高雄市六桂堂，委托他们帮助晋江玉园乡洪氏寻找台南蚵寮宗亲。高雄六桂堂随即与台南蚵寮庄的洪氏取得联系。蚵寮洪氏麦园人听了非常兴奋，不久即委派刚从台南县北门乡农会干事长任上退休的洪清枋来到麦园认祖。他来麦园时，听到故里的宗亲说麦园就是玉园乡，非常激动地说：“我们在台湾的人都知道，祖籍地叫‘玉园’。”他在麦园居住了很多日子。之后其侄子洪昆显等人也多次到麦园与洪氏族亲聚会，他们还以玉园堂名义为重建洪氏祖祠捐款。

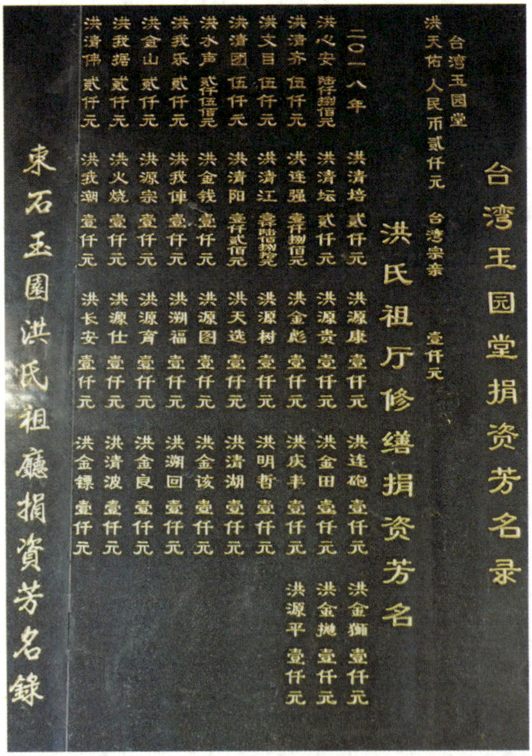

● 晋江市东石麦园洪氏祖厅内镌立的台湾玉园堂捐资芳名录

之后，还有不少散居台湾各地的台胞相继来麦园认祖，他们有的说祖里在泉州南门外晋江十都麦园乡，但大都是说“祖上是泉州南门外十都玉园乡”。村名虽然对上了，但为了慎重起见，他们还要查找族谱中是否有他们祖辈的名字。可惜麦园王氏原来的族谱早已丢失了，现存族谱是 20 世纪 60 年代重修的，且只收录一个房分的资料。麦园洪氏族谱也不全面，故不少人在族谱上找不到其祖上名号。但是

● 晋江市东石麦园洪氏祖厅内悬挂的台湾高雄市洪氏宗庙理事会敬贺匾

“玉园”两字足以让寻根的台胞确定麦园村就是他们的祖籍地，让他们感到安慰与兴奋。

有的台胞是冲着“飞天大将”等麦园村保护神（当境）等神明的名号来认祖的，有的甚至带来台地供奉的神像与麦园村的神像对照相貌后才敢确认。不知怎的，来麦园认祖的也有柯姓台湾人，说他们的祖籍地就在麦园。

据到麦园寻根谒祖认祖的台胞介绍，麦园往台的乡人经过数代繁衍，各姓人数众多，现已分布到台湾各地，有的还由台湾迁往国外。他们说：在台的麦园人要比现在大陆祖里的麦园人多得多。

笔者相信，两岸同胞的血缘、亲缘是永远断不了的。只要两岸人民继续交往，今后来麦园谒祖恳亲的人一定会更多，两岸麦园人（玉园人）的关系一定会更加紧密，亲情一定会更加浓厚。

（王文良/撰）

碧沙不了情

晋江市东石镇白沙(碧沙)周氏以清乾隆间去台者最多,在台湾居住较为分散,有牛骂头塭仔山、碑头口、彰化县、东港、中港、布袋嘴、笨港等地,布袋镇岑海里则有个碧沙村。

东石镇白沙村在晋江市西南,与南安市石井镇隔江相望,南面则与金门岛隔海相对。这里原来是石井江口的一座海岛,地理位置十分重要。在明末清初是民族英雄郑成功据守之地,由其叔父郑鸿逵率一支军队在此建造城池,重兵守护。清军为了夺取这处军事要地,几回出动水师围攻,经几番恶战,难以得逞,而郑军则有陈魁奇等大将浴血战身亡阵地。时至今日,在白沙村边还留下白沙古战场遗址、“国姓井”、大将爷宫等历史遗迹,作为郑成功史迹,听任后人来此处凭吊。由于地理变迁,如今这里已形成了一处沙洲半岛。

白沙村因其沿海一带皆为白色沙滩,绵延数里,每当旭日初照,便闪闪发光,故称为“白沙”,雅号“碧沙”。据说最早有曾氏、吴氏、柯氏来开发,分据岛上的西、东两端,分别称为“西庵”和“东庵”。到宋代末年,跟随宋帝赵昺南逃的周绍基因君臣失散而带长子隐居围头,其妻吴氏带次子隐居白沙,定居于两庵中

间，村名“金埔”。传至三世，分宗支为金埔房和金井房，俗称“大周”和“小周”，分别在村中建有祠堂。明代而后，陆续有杂姓如张、谢、黄、李、洪、王、蔡诸姓来居，但周姓一直是白沙村主要的姓氏。

晋江市东石镇白沙村路牌

由于僻处海隅，人众地瘦，白沙民众只好以海为田、向海谋生，或打鱼，或行船，勉为度日，所以旧时有民谣曰“白沙白沙，乞食梅呱”，意为村落经济不发达，连乞丐也不愿意来此地讨饭。到清初康熙、乾隆年间，“海禁”开放，晋江沿海许多贫穷无地的农民，纷纷渡海前往台湾开荒拓土，并定居其地。当时白沙周姓也有许多族人东渡台地。白沙周姓金埔房三世朴子公生四子：部尚、新澍、大辅、闻古，为4个房分，其中四房去台的最多。现在村里已经没有四房的人了，以故童谣有“四房抠头绝”的说法。而二房子孙有一支移居十六都晋江金井西洲村，因风沙侵害不能居住，全族乘3艘帆船往台，经过黑水沟时，遇上大风浪，一船沉没，二船脱险，入台聚居于伸港泉州厝。

白沙村现有901户，总人口3032人，总面积1.8平方公里，滩涂面积5000

晋江市东石镇白沙村今日风貌

● 晋江市东石镇白沙村“国姓井”“国姓城”遗址

亩。改革开放以来，村民充分利用海的优势，发展海上养殖业，种植紫菜、花蛤及讨小海。在海边开设多家海鲜餐馆，吸引众多宾客。

自 20 世纪 80 年代海峡两岸关系和缓以来，台湾同胞掀起一股回祖国大陆寻根的热潮。晋江东石一地清代移居台湾的最多，当年到台湾开发的先民每每以祖家的村名为新开发的村落命名，所以海峡两岸就有了许多同名村。这时候，白沙村附近的东石村、郭岑村、岑兜村纷纷有海峡对岸同名村的台胞回来寻根谒祖。白沙村周姓的村民也不时翻看着老族谱，怀念起当年迁台的堂亲，也不时向来邻村寻根的台胞打听早年渡台的堂亲，不知道他们都住在哪里？过得可好？

查看老辈留下的《碧沙周氏族谱》和新修的《碧江金井周氏致政公派下谱牒》，白沙周氏最早往台的是第九世、清康熙年间的人：

应运，号素善，生康熙丙辰年十月二十日卯时，卒乾隆己未年十月十一日巳时，葬台湾。

碧江周氏族谱及碧沙周氏支派谱图

神祐，号宽保，献叔长男，住台湾南路竹户内，即葬于此。

第十世则有宗宝、宗珠、宗帛、宗潜等人，谱记“住台湾”或“葬台湾布袋嘴”。

十一世有仕环、仕瑕、仕宏、仕柳、仕兴、仕顺、仕凤、仕溪、仕见、仕篇、仕选、仕衷、仕卿、仕备、仕云、仕冬、仕孝、仕长、仕路、仕侯、仕实等，谱记“住台湾”“葬台湾凤山县”“葬台湾布袋嘴”“葬台湾大丘田保布袋嘴塭尾”“住台湾大安港”“葬台湾大甲山”。

十二世有当赵、当芳、当楮、当厥、当觉、当亲、当爱、当觐、当凛、当九、当海、当深、当治、当松、当开、当琛、当剡、当妍、当赡、当赐、当昭、当堪、当长、当湖、当松、当开、当兰、当芽、当扰、当绒、当魋、当音、当占、当虽、当碖、当穆、当士、当直、当瑶、当看，谱记其“葬台湾塭仔山”“葬在台湾北路”“葬台湾牛骂头塭仔山面”“卒在台湾碑头口”“卒台湾彰化县”“卒台湾塭仔寮”“葬台湾东港崙仔头”“葬台湾东港”“葬台湾中港”“葬台湾笨港树仔脚”，去台人数既多，居住也相对分散。

十三世有传戳、传彩、传协、传平、传成、传平、传弹、传郡、传老、传欲、传窗、传石、传俯，谱记其“住台”或“葬台湾笨港树仔脚”，人数比十二世减少了。

十四世有世伭、世等、世摺，谱记其“住台湾”。

据族谱记载，白沙（碧沙）周氏以清乾隆年间第十二世“当”字辈去台者最多，达40人以上。到第十三世“传”字辈、第十四世“世”字辈时又逐渐减少。也可以理解为，到了清道光、同治年间，周氏除了少有人迁往台湾，连两岸亲族间的交往也减少了，所以住在台湾的族人传衍的信息就不能在族谱中得到体现。

从族谱中记载族人在台居住地、卒葬地的信息看，周氏族人在台湾居住较为分散，有牛骂头塭仔山、碑头口、彰化县、东港、中港、布袋嘴、笨港等地。居住分散，这应是两岸族人联系较少的一个原因。

2011年，白沙村住东石的周其南先生同晋江东石嘉应庙诸董事组团到台湾嘉义县布袋镇嘉应庙访问，他在无意间看到庙里张贴的乐捐善款芳名录中有一些周姓的人名，心想，这附近居住的多有晋江东石移民的后裔，这周姓人家会不会是晋江东石白沙周氏的传人？当时就有一个退休老教师叫周得魁的告诉他，这里叫“岑海里”，附近分布的周姓人家还真不少，足有数百上千人，正是早前由白沙迁台的后裔，集中居住在碧沙村，现在叫“碧沙路11巷”。“碧沙”这地名，正是他们世世代代对大陆祖家的纪念。只是他们这一支派文人辈出，由于工作的方便，大多迁往台北等地居住了。这里还有一座碧灵殿，奉祀“张圣真君”，是周姓人家世代奉祀的神庙。在碧灵殿旁边，又有一座由晋江东石岑兜迁台萧氏主祀的当境庙。周得魁老先生还说，他在1991年曾经到大陆寻找祖家，到过晋江东石白沙村。

听说这里的周姓奉祀有“张圣真君”，这就使周其南更加坚信他们就是从白沙迁来的族亲了。“张圣真君”又名“张圣”“张圣者”“张慈观”，民间或称“张真君”“张法主公”。北宋年间人，出身农家，由于学法传道，亦佛亦道，被民间奉为神明。其信仰最早在福建永泰、永春、德化、闽清等山区传播，后来传到泉南沿海以及台湾。在晋

晋江市东石镇白沙村碧安宫

台胞周清水(右一)、周天赐(右二)、吴序侬(右四)到晋江市东石镇白沙村碧安宫参拜

江,供奉“张圣真君”的寺庙并不多见,而在东石白沙村中,却很早就有一座碧安宫,供奉着黑面长须的“张圣真君”,作为该村的境主神。宫中有一块清同治年间立的石碑,内容是当时白沙与邻乡因海荡归属争执械斗,由官府制止,双方和解的甘结碑。这块碑刻也可以证明,“张圣真君”信仰在白沙历史悠久而且深受周氏族人的崇拜。所以当时迁台的白沙周氏族人,为了旅途平安,带着“张圣真君”的香火渡台,并在台湾建起碧灵殿,奉祀家乡的保护神。

周其南当天就到碧灵殿里烧过香,拍了照,高高兴兴地把寻到迁台族亲的消息带回晋江东石白沙。

2017 年 5 月,晋江东石嘉应庙再次组团往台湾进行联谊活动,周其南又来到布袋,仍然去碧沙村走访,又去叩拜碧灵殿,发现近年庙宇已经翻修一新,相当富丽堂皇,里头还有人照看。

一回生,二回熟。两岸白沙周氏宗亲联系上后,台湾布袋镇岑海里碧沙村周清水先生于是年 6 月到厦门参加两岸同名村海峡论坛,特地来到祖地晋江

2018 年 6 月，台湾嘉义县布袋镇白沙乡亲参加第 10 届海峡论坛“同名村·心连心”活动期间，参访晋江五店市传统街区

市东石镇白沙村，受到白沙村老人会会长周良坦等族人的欢迎。拜过祠堂，拜过碧安宫祖庙，要与热情的宗亲告别时，真是“相见时难别亦难”，周清水紧紧握住周良坦的手，再三邀请晋江市东石镇白沙村的宗亲，务必要到台湾布袋走走，会会当地的周姓族人。周良坦老人也答应了。只是村里主事的几个老人至今还没有机会到台湾回访，这成了周良坦会长一直记挂在心中的一件事。

2019年6月8日下午，笔者到东石镇访问白沙村老人会周良坦会长，因为我想了解下碧安宫的现状，他特地放下手头的工作，开车载我到白沙村来。刚走到庙里，就有一个本村人带着一位背着背包的中年人来找周会长。原来又是一个来寻根的台湾同胞。他叫周建成，原来家住台南盐水观音坪，从哪里迁来的不清楚，已经居住三四代人了，老一辈的墓碑上刻的是"晋江白沙"的地名。后来他本人又迁到台北，现在到大陆发展，在江苏南通一家台资工厂工作。因为牢记着长辈要他不能数典忘祖的教导，他一直记住"晋江白沙"这4个字，现在特地从上海来到晋江寻根。与我们会面时，他已经一个人在村里村外转悠好一会儿了。我们告诉他，晋江就只有这一个村落叫"白沙"，是周姓聚居的地方，他要找的祖家绝对没错。

这时，周建成激动地从怀里掏出一张纸条，上面写着他的父母、祖父母、曾祖父母的名讳和生卒，想与祖家的族谱对接。周会长告诉他，因为渡台周氏与大陆祖家音信不通已达150年之久，所以白沙族谱上是不可能记录他曾祖父名字的。但是当年白沙周氏渡台，最先落足在嘉义布袋，然后由此分散到台南、台北数地，建议他先到台湾嘉义布袋岑海里碧沙村查问当地的族亲看看，可有比较接近的支系，然后顺着往上查，才能与祖家的族谱对接上。

虽然族谱一时不能对接，但能找到惦记多年的祖家，周建成先生仍是十分欣慰。在周良坦会长带领下，他瞻仰了村上的碧安宫和金埔派、金井派两座祠堂，参观了几家门匾上刻着"理学传芳"的红砖古厝，一边观赏一边拍照，认为祖家的建筑和台湾的古厝基本一样，越看越亲切，越看越留恋，只因为时间不早，他又住宿在泉州，只得依依不舍地离开。临走时，他对我们说："下次我还会来的。"

（粘良图/撰）

型厝一家亲

明末清初，晋江东石型厝村一波波蔡姓族人东渡台湾，拓垦谋生，并在笨港建立了与祖家同名的型厝（寮）村。

型厝村在晋江市东石镇东隅，与邻近的张塘村共同组成梅峰行政村。该自然村人口 2000 余人，村民多为蔡姓。土地面积 1200 余亩。该村后倚映严山脉，前面溪沟，地势广阔平展。村前不远就是 322 县道，四通八达，交通方便。虽说离海岸线不到 2 公里，但历史上该村村民多以务农为业，不事渔盐。改革开放后陆续办起一些企业，从事服装织造、汽车配件和雨伞加工等。经济发展，村中

● 晋江市东石镇型厝村隘门

便雨后春笋般地矗立起许多新盖的楼房。

型厝村是一个历史悠久的乡村，原属晋邑十一都。相传这里早时住户有温、颜、莫三姓。北宋年间，村中还出过一位颜尚书，曾经在村落西头建过一座远近闻名的不二庵。蔡氏族谱记载，早时型厝村周围种着许多梅树，行人经过，都指称“梅林”，于是成为该村的雅称，蔡氏族谱就命名为《梅林蔡氏宗谱》。又传说，早时型厝村常患水灾或疫病，为了禳灾祈福，村里传下了正月元宵“舞香龙”的习俗。即在元宵前夕，用稻草、麻绳扎成长一条一二十米长的草龙，龙身下面撑以木棒。元宵夜祷神之后，村民就把点燃着的信香插满草龙身上，由10来个年轻人举起浑身闪耀着香火光点、烟雾缭绕的香龙，到村庄各角落舞动巡行。这个民俗活动在村里流传了1000多年，现在已列为泉州市非物质文化遗产项目，正在申报省

晋江市东石镇型厝村梅林蔡氏宗祠重修碑记

晋江市东石镇型厝村蔡氏宗祠

级非遗。在型厝村,至今还保留着“七墩八桥”和“剑形石路”等古遗迹。

蔡氏自宋元年间居住型厝村,人丁既多,自然开枝散叶,有族裔出祖外地。据载三世真材公之下分有五房,长房移居漳州南门外,二房是现今居住本村最多的,三房族裔则往台者最多,四房族裔有分居台湾及同安小盈岭的,五房的子孙有分居塘边、坪坑、彭田的。清顺治末年,晋江沿海“迁界”,型厝村在劫难逃,“时既失所,人多奔走衣食”,流离四方。当时郑成功在闽南抗清,所谓“三日清,两日明”,晋江东石沿海为郑成功的基地,郑军派人往乡下征粮,适有本村蔡爱松一女嫁与石井郑家,是郑成功的堂婶,因得此族姑庇护,乡里颇得安宁。蔡氏族人既有在郑成功手下为将领的(谱记族人蔡日祯“又充伪将”,指任郑成功部将),也有不少加入郑军,随郑成功东渡台湾。清康熙年间以来,开放“海禁”,闽南又有大批失地或少地的农民纷纷往台湾垦拓。就这样,明末清初,型厝村一波波蔡姓族人东渡台湾,垦殖谋生,并在台湾笨港建立了与祖家同名的型厝(寮)村。

据《梅林蔡氏宗谱》,因为“海禁”“迁界”,族人四散,原有的族谱遗失了,修谱的人“与之俱失”。直到清乾隆二十八年(1763 年),型厝蔡氏重新聚族再建家园,商议重建祠堂,“自是重新修整上下两层,以及外墙,俱各完竣,是年腊月十八日进主”。蔡氏族谱则经过数次重修,一次在清康熙三十九年(1700 年),

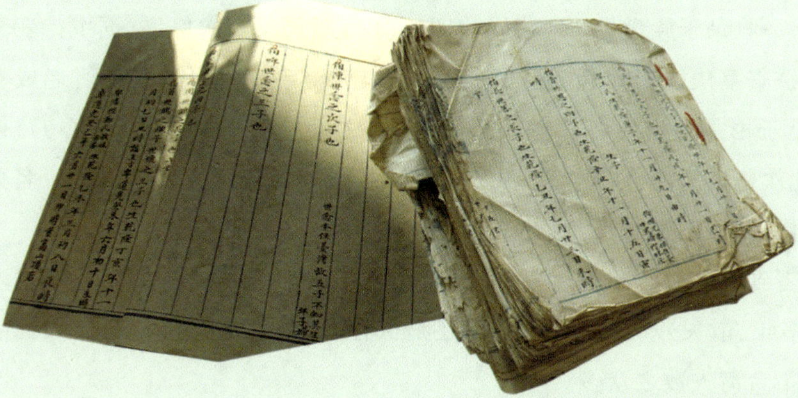

梅林蔡氏宗谱

一次在清雍正八年(1730年),一次在清乾隆二十四年(1759年)。清乾隆年间主持修谱者为蔡士良,号朴庵,早年任过河南、江南、山东等省幕宾,后来又任广西州县官吏,告休后“整顿风俗,乡称仁里,丈量土地,经界分明,开列甲户,钱粮莫混,重修祖祠,修造族谱”,其主持修族谱时,已是85岁高龄了。到了清嘉庆二十年(1815年),士良五世孙蔡心澄“邀景晖叔同出捐修祖祠,更进神主,后再行修谱,二人支持。妈赐叔极力出首倡修,责备于澄”。而在此之前,即清嘉庆三年(1798年),族人蔡世麟曾特意前往台湾,收录家族分居在台地的传衍情况,准备重修族谱,不幸卒于台地。蔡心澄根据蔡世麟留下的谱稿,查明

舞香龙

支派，一一收录于族谱中。到清同治四年(1865 年)又一次修谱，据主持者蔡子巽记："兹查嘉庆乙亥修起，至同治四年乙丑五十余年，世代有年远，老成有凋谢，爰是子彬鼎力招集各柱耆长，开陈修谱之事，诲以尊祖敬宗之心，乃得成事。"此次修谱之前，族中特地派人往台湾抄录族人资料，"宜蝉、伯安、名见三人往台修谱，型厝寮修来，独五条港立尚一支不修来"。

笔者到型厝村访问，有幸拜读这部几经修辑的《梅林蔡氏宗谱》，该谱本历经100 多年，散失残破十分严重，但还是保存着相当多历史信息，让人惊叹型厝村分衍台湾人数之众多。

据族谱记载，型厝蔡氏自十三世起定字行为"日道德世伯(康熙年间编)，立名宜用正，称谓必书通(嘉庆年间续编)，华国文章贵，传家孝友崇(民国年间续编)"。"日""道"字辈为生活于明代末期至清初的人，"德""世"字辈多为生活于清康熙年间的人，"伯"字辈多为生活于清乾隆年间的人，"立"字辈则为清咸丰、道光时人。

据族谱记载，"道"字辈住台的有道益、道治、道田、道虬(住台湾萧垅社)、道戌、道科、道妙、道丑、道贡、道转，卒、葬在台湾的有道俨、道魁、道全、道绍、道结、道总。还记有：道春，在澎湖(移往台湾)；道治(在澎移台)。"道"字辈为家族中移台的先行者，估计其中有很大一部分是在明末清初随郑成功东渡台湾在台定居的，所以谱上都写的是"住台"而不是"往台"。特别是从澎湖迁居台湾的道春、道转、道治为同胞兄弟，三人都是"妹公之子"。清康熙年间渡台者都是冲着台湾土地肥沃、收成有望去垦殖的，必不会将土地瘠薄的澎湖海岛作为目的地。所以说，妹公可能是郑成功时期戍守澎湖的一位将士，他的几个儿子才会居住在澎湖。

"德"字辈往台、住台的记录明显增多：德隆、公程、德全、德垵、德进(住家台湾南路)、德都、德鼎、德诰、德昭(葬台湾诸罗大坵田保濑里庄港口社)、德群(葬台湾横港子)、德龙、德耀、德宠、德意(葬鹿港)、德旺、德包(葬鹿陷埔)、德明、德注(葬在台湾鹿寮)、德日、德晋、德正、德政。这些人多是在清康熙、雍正年间渡台的，居住也比较分散。

"世"字辈往台、住台的则有世寮、世安、世腾、世操、世祐、紫山、世代、世碧、世珠、世玩、世判(以上四人兄弟俱住台)、功成、世应、世月、世泰、秋燕、世毛、世通(兄弟四人俱往台湾)、世石、世狮、宪冲、世安、世博、世占、世贡、世祥(葬台湾笨港口型厝寮,坐东向西)、世黎、世官(葬台湾本弁基)、世腾、世部、世宁、世允、世耕、世春、世殿、世禁、世盖、世陈、世雀、世竹、世延(葬台湾泉州溪)、世兴、世意、世夺、世梅、世举、世亮。从族谱看来,“世”字辈比起“德”字辈渡台人数有成倍的增长。而从族人蔡世祥“生于乾隆十三年,卒于乾隆三十九年,葬台湾笨港口型厝寮”的记录看来,早在清乾隆年间,型厝人已经在台湾笨港聚居并建立了型厝寮这个村落。

“伯”字辈往台的最多:伯杰、伯求、伯允、伯赏(兄弟俱在台湾牛骂头竹林庄)、伯定(葬台湾邱厝庄)、伯葛(葬台湾型厝寮后)、伯层(葬淡水新庄埔)、伯炎、伯再(兄弟俱住台湾晋江寮)、伯曲、伯臣、伯滔、伯加、伯迎(葬台湾阿里港)、伯东、宗朝、伯良、伯言、伯河、伯能、伯聪、伯楼、伯角、伯酿、伯县、伯得、伯仁、伯恰(住台湾晋江寮)、伯切、伯卫、成功、伯菊、伯川、伯齐(葬台湾晋江寮坐东向西)、伯治(同伯添合葬三尖头,治婶同子立尚往台住居五条港新庄)、伯燕、伯国、伯梯(葬牛骂头)、伯文、伯缓、伯陈、伯年、伯衮、伯妥、神祐、伯蛙、伯

台湾型厝福安宫

● 晋江市东石镇型厝村梅林三房二道泰祖宇

全、伯寻、伯日、伯再、伯香、伯路、伯琴、伯阁、伯就、伯赞、伯敦、伯受、佛赏、伯琏、伯凤、伯翼、伯为、伯玑、伯溪、伯寅、伯与、伯章、伯禄、伯三、伯燕、伯环、伯拔、伯永、伯镇、伯水、伯教、伯兴、伯本、伯暖、伯北、伯行、伯惠、伯虔、伯良、伯机、伯晓、伯腊、伯鹞、伯有、伯锦、伯全、伯衫、冬泽、伯招、神注、金钗、伯安、伯沛、伯湖、伯宙、素兰、心正、伯偏、伯顺、伯联、伯红、伯华(兄弟四人俱住台)、伯山、伯书、伯宿、伯全、伯昭、伯英、伯峨、伯六、伯享、伯玉、伯车、伯劝(卒台湾阿里港)。就残缺谱本作不完全统计,清乾隆年间型厝住台湾、往台湾的“伯”字辈有上列的100余人,有好些家庭是父子、兄弟或携妇带子全家同往的,他们分别聚居于型厝寮、晋江寮、五条港等地。从族谱收录迁台各地族裔的资料,可以想象,在很长的一段历史时期,晋江东石型厝蔡氏与渡台的族人保持着密切的联系。

从日本侵占台湾时期到20世纪80年代,海峡两岸虽经过长期的隔绝,然而血肉亲情却一直在两岸型厝人的心上。自20世纪90年代以来,台湾同胞来晋江东石型厝村探亲谒祖的络绎不绝:

1995年梅林蔡氏宗祠因历年久远,屋宇损塌,族中发起重修,当时就有台湾族裔蔡水龙、蔡石泰、蔡文江、蔡庆祥、蔡义琴等捐资宗祠重建工程。

2011 年，居住在台湾嘉义东石乡型厝寮的蔡长庚、蔡志元、蔡铭家等组团到祖家晋江东石型厝村拜谒梅林三房一祖宇，受到堂兄弟蔡正庭等族人的热情接待。蔡长庚的祖辈是在清代末年到台湾经商，定居于台湾型厝寮的，传裔现在已有数百人。2013 年，该房分祖宇重修，举行落成典礼时，在台湾的族裔蔡长庚、蔡志元、蔡铭家、蔡志成等组团回祖家参加庆典，并慷慨解囊捐资，感恩答谢祖先。2014 年则由晋江东石型厝村蔡正庭、蔡中灿、蔡用抱等组团前往台湾嘉义东石乡型厝寮探望台湾族亲，受到台湾族亲的热情款待，带着他们游览台湾多处风景名胜，并一起在型厝寮立在海边的旅游标识“蚵之故乡——型厝村”前合影。

梅林三房一的裔孙蔡宜谦，清末往台，定居高雄，传子蔡用齐，孙蔡正茂、蔡正山。2013 年晋江东石型厝村旅居澳门的蔡文通到台湾探望族亲，寻访到在高雄的蔡正茂，算起来还是未出五服的堂兄弟，得到蔡正茂等高雄族亲的接待，在族亲陪同下畅游多处名胜古迹。

梅林三房二的裔孙蔡用怀，清代往台湾教书，定居在嘉义东石乡型厝寮，其子蔡称迫育有六子四女，传衍子孙数百人。台湾进入经济社会后，子女因工作关系分居到嘉义、台中、高雄各处。但是蔡称迫牢记先辈的教训，时时教诲子女不要忘本，要到大陆晋江探访东石型厝村祖家。1992 年，蔡称迫之子、在台

● 晋江市东石镇型厝村梅林三房二道泰祖宇重建碑记

● 台湾嘉义东石乡型厝寮的旅游标识“蚵之故乡——型厝”

● 台湾嘉义东石乡型厝寮的型厝桥

湾嘉义教书的蔡文来从型厝寮访问大陆归来的族人蔡长庚处接收到祖家发来的问讯。原来是祖家晋江东石型厝村堂伯蔡清泉、蔡清注(居住澳门)寄信来探问。接到亲人的来信,蔡文来十分兴奋,马上给澳门的蔡清注打电话。不料蔡清注搬家了,一时联系不上,他只好向澳门警察署询问,终于查到蔡清注新居的电话,这才联系上想念已久的堂亲,互诉衷情。2011 年,蔡文来率带子侄十余人一起到大陆祖家探亲,拜谒祖先,查看族谱。堂亲办了十几桌酒席宴请他们,并陪同他们到泉州、厦门等地游览。2013 年,蔡清泉、蔡清注、蔡长营、蔡水潮到台湾探亲,分布在高雄、台南的堂亲 100 来人一起聚集到嘉义,热情地设宴招待,带着他们巡游台地风光。2017 年,梅林三房二道泰祖宇重修落成时,台湾族亲又组团回祖家参加典礼,敬拜祖宗。该祖宇门前的柱联“登堂恭拜永铭思源饮水,背井羁留莫忘落叶归根”和大厅内《道泰祖宇重建碑志》写的“道泰吾祖,育子二人,德经德联……德联公下,生子七人,六人往台,余留本里”,都表现了两岸一家的亲缘关系。2019 年,蔡文来的儿子结婚,大陆型厝的堂亲蔡水潮等 4 人特地前去参加婚礼,再一次与堂亲们欢聚一堂,共叙亲情。

眼看着海峡两岸一批又一批族人的交往, 晋江东石型厝村西畔分的蔡文树老人总是感慨万千。他查阅族谱,知道先祖蔡德连育有 8 子,其中有 6 子往台湾定居,其后裔当有不少,算来与居住祖家的自己是五服至亲的关系,可是至今还没有联系到。石路分的蔡用坛老人也不时叨念,其先祖蔡世老有很多裔孙在台湾定居,3 年前曾有过联系,现在却许久不见音信,他希望两岸亲人能常来常往。

(蔡贻金、蔡水潮/供稿,粘良图/整理)

晋台两谢厝

距今200余年前，有谢姓三兄弟自晋江英林谢厝街渡海往台湾，其中有两位经多次迁移，选择现在谢厝村之谢厝，定名为“谢厝寮”，以事开垦。

晋江谢厝街村，位于英林镇南部，是一个行政村。村辖谢厝街、东仓（村）、内厝等自然村，其中谢厝街、东仓为谢氏家族聚居村落。

宋元时，谢厝街东面有一条海港，临海建有通商码头，并建有凤鸣石塔一座，指引远航船只入港。据清代东石文人蔡永蒹编著的《西山杂志》载：“元时，谢永叔航舟起家筑店铺，其地谢厝街。”相传就是因为谢氏在此起盖店铺，招徕客商，所以地名“谢厝街”。年久月深，沧海桑田，曾经潮起潮落的海港现已淤积成为小溪流，曾经樯帆林立的码头已垦为一片农田。街市繁荣不再，但是像“街路下”这样的角落名称至今尚存。数年前，村民清理海沟时，还从这里挖掘出数根巨大的杉木。

晋江市英林镇谢厝街村路牌

谢氏家族于南宋末由尚书谢韬自泉州金鱼巷分来谢厝街肇基。谢厝街雅号“登卿”。相传南宋赵氏皇室南逃至此，御驾亲临谢家府上，赐号“御临”。“登”即登上，“卿”即帝对臣下之称，因此里名“登卿”。其后谢氏家族分衍长房（东头）、二房（石鼓）、三房（轩下）、四房（畲下），又分衍东村和东石白沙、埕边等地，在这附近繁衍为6个村落，均属“金鱼衍派”，族裔3000余人。清乾隆五十一年(1786年)，东村秀才谢淑元考取举人，高中解元。清乾隆五十八年(1793年)赴京会试，又列榜首，官授翰林院检讨，成为晋南谢氏“破天荒”的荣耀。

谢厝街谢氏先世建有祠堂，经久圮坏，至民国丙子(1936年)另卜地重建，一进三开间。时值抗战，迨至庚辰(1940年)落成合谱祔祧。1988年重修。2007年重

谢淑元故居内的谢淑元公肖像

谢淑元故居门匾

晋江市英林镇谢厝街村谢氏家庙

建，2008年农历十月落成奠安。家庙为二进三开间、前带庑廊的古式建筑，面墙白石墙裙，“人字躺砌”的红砖墙面，大门顶上构一架歇山式门亭。大门楣青石匾刻“谢氏家庙”，门联刻“紫袋尚书府，黄堂太守祠”。祠内石柱刻有“紫衣金带尚书府，翰林解元及第家”“晋代衣冠森玉树，熙朝雨露沐金鱼”等对联。梁架间木雕精美，髹彩鎏金。

明末至清初，闽南地区因人多地少及“海禁”、兵燹等原因，一批批的闽南人开始漂洋过海，向澎湖、台湾等岛屿迁徙。谢厝街地处沿海，田地瘠卤，难以糊口，故在清康熙至乾隆年间有大批族人成群结队前往台湾垦拓并定居。

台湾海峡骇浪惊涛，渡台时船只遭遇台风或触上暗礁是常有的事。像族谱中就记载二房“英贤公，自台湾回家，溺在塘海中。子二：家立、家雍，住在台湾东螺”。依据清朝官方的记录，自清雍正七年到道光十八年(1729—1838年)，在台湾海峡黑水沟发生不幸的船难事件共计85件，其他民间私船的海难更是难以统计。但是先民们不畏艰险，毅然勇往直前。2012年，台湾农民党主席谢永辉先生回到晋江祖籍地寻根时说了一句话：“感恩当年渡台祖的艰辛付出，才有如今的子孙后代幸福美好生活。”

晋江市英林镇谢厝街村的祖墓墓道碑

《福建通志》“台湾府·国朝孝义录”记载：“谢仕伟，字君直，客于台湾。时黄教将乱，还里。事定，至台检遗业，所存惟借券二万余，悉焚之。时殁台地者艰于归计，仕伟倡立柩船二，复置田为经费。至泉州，无后者为立义冢于龟亭潮。子淑元，乾隆丙午解元，癸丑进士。”这位往台经营、广行善事的谢仕伟就是谢厝街东仓三房人。现今村旁还保存着其子谢淑元以“解元会魁翰林院检讨加三级”荣衔书写的祖墓墓道碑。

明末至清末，家族渡台的男丁超过200人，谢氏广泛分布于台湾岛各地，有不

● 2012 年 7 月，晋江市英林镇谢厝街村堂亲前往台湾云林县口湖乡谢厝寮拜访谢万看堂亲

少聚居于台湾谢厝寮。东仓二房族谱明确记载："德湾公自咸丰二年(1852 年)举家渡台入居谢厝寮。"族中老人一直相传，在抗战前，台湾谢厝寮堂亲逢年过节还会寄钱物到家乡祭祖。后来因为历史的原因，两岸亲人多年失去了联系。

事实上，对于唐山故乡、对于台湾族亲，双方都没忘怀！两岸融冰开放往来后，双方谢氏族人都在寻访对岸的族亲，渐渐得以获悉对方的资讯。1996 年 4 月，台胞谢连堂曾托人寻找大陆祖根。其寻找的依据是"祖上往台湾者谢宝树、谢德虎"及一些记不完全的字辈，原籍是"泉州府城外谢厝街"。谢厝街族人从晋江市档案馆找到《澄

● 2013 年 9 月，晋江市英林镇谢厝街村堂亲前往台湾云林县口湖乡谢厝寮拜访堂亲

卿谢氏族谱》,果然谱上记有十五世“士所公,号瑞鹊,生道光辛丑年又三月廿四日未时,卒光绪辛丑年四月廿七日卯时,妣林氏,生道光庚戌年十二月初五日,卒光绪辛丑年四月廿七日卯时。子四:德虎、德隔、德锄、德枨”和十六世“德虎公,士所公长子,生光绪辛未年十二月十九日亥时。嗣子业启,德锄长子承”等记录。但不见谢宝树其人,估计是将宝树堂堂号误认为人名。晋江市档案馆将有关材料复印寄给台湾的谢连堂,圆了他的寻根梦。

多年来,晋江谢厝街谢氏家庙理事会成员谢清源一直关注着晋江谢氏迁徙台湾、两岸交往的历史。从父母的讲述中,谢清源知道,他的曾祖父原本就住在台湾彰化宝斗伍堡寮(后来称“北斗镇谢厝”),是在清同治年间(1874年)从台湾返归祖里居住的。他发现,台湾云林县口湖乡有个谢厝寮,是谢姓聚居之地,先祖来自泉州。口湖乡位于台湾云林县西南沿海,西临台湾海峡,与福建省隔海对望。他很想弄清楚口湖乡谢厝寮是不是晋江谢厝街迁台的族裔,却长久苦于无法赴台查证。

功夫不负苦心人,2012年7月,谢清源终于得到机会前往台湾,在台湾农民党主席谢永辉堂亲的帮助下,前去探访云林县口湖乡谢厝寮。

台湾云林县口湖乡谢厝寮同心园

云林县口湖乡与嘉义县毗邻,西临台湾海峡,谢厝寮村庄植被环绕,环境优雅。村民房屋既有数层高的楼房,也有传统的红砖古厝。年轻人大多到城市发展,留守在乡村的大多为老年人,经济收入以务农、务工、渔业养殖为主。来到村口,看到路牌赫然写着:谢厝。台湾农民党谢主席已事先帮忙联系了谢厝寮村谢万看堂亲。谢老原为口湖乡乡公所主任秘书,此时已经退休。据万看宗亲介绍:谢厝寮先祖来自泉州晋江谢厝街,其渡台祖为谢逢开、谢庆、谢某三兄弟(第三位名讳失载)。渡台时间在清乾隆年间，距今已200余年历史了。如今在二房分还珍存有族谱，可惜保管者不在家，一时见不着。村里青壮年大都出外谋发展，村里户数现在还有100多户，总人口近700人。谢清源留下了晋江英林镇谢厝街东村二房找寻迁台湾谢厝寮堂亲的资料，而谢万看则提供给他一份《谢厝寮顺天宫沿革》。

台湾云林县口湖乡谢厝寮顺天宫

《谢厝寮顺天宫沿革》一文明确记载：据先人传述，距今200余年前，有谢姓三兄弟(长为谢逢开、次为谢庆、三已佚名)，自福建泉州谢厝街渡海来台。初住彰化番仔洼(今芳苑)，再迁移宝斗(今之北斗)暂住，后迁至现在口湖乡青蚶村北面，因冬季西北季风强烈，飞沙囤积，又迁至外埔(今之埔南村)。当时外埔已开发，有街道营商，便选择在此经营油车(榨油厂)及布店，生活逐渐安定。谢姓兄弟中有两位较具远见，为建立自己之部落，乃选择再迁移，而选择现在谢厝村之谢厝为目标，迁移后定名为“谢厝寮”，以事开垦。唯兄弟中有一位尚留外埔，因受倾轧，不久亦迁至谢厝寮共住，而发展为今之谢厝寮。

先民渡台，为了寻求海上安全以及上岸后得以安居乐业，往往从家乡恭请神明随船赴台。安全上岸后，尊奉在定居地，庇佑乡民。

渡海来台之谢姓三兄弟，携有“吴府三千岁”之香火，因神灵显赫，为感神恩，而为其雕塑神像供奉。“吴府三千岁”本是“五府王爷”兄弟，排列第三，所以称“吴府三千岁”。可能当时先人未知其由，误以为“吴府三千岁”是3位兄弟，而分别雕塑3尊金身，分为“大三王”“二三王”“三三王”。此为本庄奉祀3尊王爷之特殊情形。初为方便集体朝拜，先搭草寮安奉神像。

清代台湾治安不良，各村庄常有寇盗入侵，谢厝寮人丁稀少，常寡不敌众。

每次闻有寇盗入侵时，唯有祈求“吴府三千岁”庇佑。据传，“吴府三千岁”常显化人丁众多以应敌，使寇盗不敢侵犯。外界传闻谢厝寮人多骁勇，其实乃是“吴府王爷”神威显赫护佑之也。

本宫“吴府三千岁”之神像香火从历代先祖延续至今已有270余年。

台湾云林县《谢厝寮顺天宫沿革》一文，清楚地记载谢厝寮先祖来自泉州谢厝街，即今晋江市英林镇谢厝街村。而从谢厝街分灵到台湾的谢厝寮顺天宫“吴府三千岁”神明，在晋江谢厝街开轩房分，现今仍可看到供奉有“吴王爷”这尊神明。

晋江谢清源首次台湾行留下大陆祖家的信息，随后转到台湾云林谢厝寮的谢镇隆堂亲手中。多年来他也一直在寻找祖里，看到有关资料后十分激动，马上将他在台湾家族的族谱资料寄送到晋江，请谢清源帮忙与晋江的谢氏祖谱对接，看能否承接得上。台湾的族谱资料写着：“渡台祖德湾公，祖籍泉州府晋江县谢厝街东村(东仓)，刚毅公派下二房，为士爷公之子，生于清嘉庆丁卯年(1807)八月十六日卯时，传有四子：业虎、业糠、业意、业汾。公自咸丰二年(1852)举家渡台入居谢厝寮。”

晋江市英林镇谢厝街村二房祖厝内的祖先画像

东仓谢氏二房家谱

两相对比,台湾谢厝的族谱资料与晋江谢厝街祖谱完全吻合。谢清源立即通知台湾谢镇隆堂亲,告诉他族谱对接成功。谢镇隆十分欢喜,马上表示将安排时间来晋江寻根谒祖。这将是渡台先祖自 1852 年离开家乡后,距今 161 年两岸亲人的再次重逢。现如今晋江谢厝街东村二房在台湾德湾公派下子孙后代已有 300 余人,聚族居住在距离谢厝寮不远的下仑村。

2013 年 4 月 29 日, 台湾谢厝寮谢镇隆堂亲终于回到晋江英林谢厝街东村二房。在村口,身披红色绶带等候多时的堂亲们迎了上来,为谢镇隆披上红色绶带和花环。刹那间,鞭炮齐鸣,谢镇隆在堂亲们的簇拥下来到谢厝街东村谢氏二房祖厝。步入祖厝大厅,谢镇隆盯着大厅里祖先的画像和神主牌位深情

晋江市英林镇谢厝街村二房祖厝

凝望，眼眶闪烁泪光，激动之情溢于言表。随后他依照闽南人拜祖仪式，由礼生赞礼，同堂亲们一起向祖宗敬献祭品，行三跪九叩的大礼。

“161 年了，没想到我是第一个回来这里找到亲人的人。”谢镇隆笑着说，祖上有交代，一定要来晋江寻根。他的堂伯也曾于 1996 年来晋江寻根，但无功而返。现在他总算找到了，可以回去告慰祖先了。

就在堂亲们围着谢镇隆开心地互诉亲情时，大门口突然出现一阵骚动，一位坐着轮椅的老人在亲人的帮忙下被抬进祖厝，她是已经 103 岁高龄的王荷先。原来，王老太是当时渡台祖德湾公的侄曾孙媳妇，前些天从孙媳妇口中听说台湾有堂亲来找祖根后，老太太十分开心，一直盼着台湾亲人快点来。虽然老太太这两天感冒下不了床，但还是强烈要求孙媳妇们把她抬到祖厝，和对岸的亲人见个面。

“阿嬷，你好啊，我来看你了。”拜祖仪式结束后，谢镇隆坐到王老太身边，附在她耳朵边叫了声“阿嬷”，并握着王老太的手笑着祝福她身体康健。

堂亲们还保存着一份距今约 160 年、清朝年间渡台祖德湾公父母的一份画像，拿给谢镇隆看，并应他的要求，将画像复制，装裱在相框里，让谢镇隆带回台湾谢厝寮祖厅里供奉，让台湾堂亲也得以瞻仰先祖遗容。

台湾谢镇隆堂亲自 2013 年首次回晋江寻根后，年年都会安排时间回晋江祖家，拜谒亲友，故乡的一草一木永远牵挂着他的情怀。

晋台两谢厝，同宗一家亲。因为有感于金门县谢庆雨先生 2008 年拜谒晋江谢厝街谢氏家庙时说过的一句话：“我们这一代人不把家族资料整理好，以后下一代就无根可寻了！”晋江谢厝街谢氏家庙理事会成员谢清源那时就暗下决心，把为两岸谢氏宗亲连接木本水源当作自己最大的志趣。他虽然年轻，但是经过长期以来潜心研究，胸中已经熟谙晋台谢氏迁徙历史。10 年来，他曾经 8 次自费到台湾探望族亲，并通过电话、邮箱、微信等通信手段，先后为台湾农民党主席谢永辉、彰化县民意机构负责人谢典林等数十位台湾同胞找寻到晋江的祖根。

（谢清源/供稿，粘良图/整理）

湖厝赤埕枝分两岸

清代，晋江金井湖厝赤埕村许氏多有东渡海峡到台湾开拓的，开创了现在的台湾新北市林口区湖北里赤埕村。此外，湖厝赤埕许意观迁居台湾北港下仑村开垦，也将其开拓之地命名为“赤埕”。

晋江市金井镇湖厝村位于围头半岛南端，省道208线西侧，东邻围头，西毗塘东。据清道光《晋江县志》记载，这里原本属于晋江县十四都，有湖厝、西头、赤埕、东园、岑下几个自然村分布于此。而现在这几个自然村已合并成一个较大的行政村，即湖厝村。现有人口1700余人，耕地600余亩，村民历来主要靠耕农和近海捕捞为业。

湖厝村雅称“玉湖”，因村落濒海，先民曾围海为湖故名。村落的历史颇为悠久，已达千年以上。据《温陵晋邑十四都玉湖许氏族谱》记载：早在唐末五代，

• 晋江市金井镇湖厝村村口

● 两岸许氏宗亲到许洋陵园祭拜

就有泉郡晋邑许氏二世祖许洋与其次子许郎，从十七、十八都瑶林徙居十四都湖厝村东垵，成为当地许氏开基始祖。许洋生于唐昭宗景福二年(893 年)，卒于后周世宗显德六年(959 年)，与其妻蔡氏葬于湖厝村“钟舍湾东墓围仔”。许洋陵园经本村历代子孙守护，保存完好，墓所宽旷，占地面积 2250 平方米，前开库池，周边立围墙，是众多分布在闽台各地以至东南亚各国许姓传裔朝拜之地。1998 年由晋江市文物管理委员会批准，纳入晋江市级文物保护单位。许洋后代繁衍，宗支繁盛，分衍有二十几个支派，除了居住本村的三支派而外，还传播闽南、台湾百余村落，海内外裔孙几十万人，皆以“太岳传芳”“瑶林衍派”为堂号。自二十九世起，以“逊志经书自有文章光世德，存心孝友居然仁让振家声”作为字行。清咸丰年间，湖厝村商人许新研因经商于闽台两地，颇称富有，人称“许研官”。曾独资为家族建造一座三开间二进的祠堂，祠堂前左开有相连的 3 口池塘，每年养鱼以供祭祀费用。而后祠堂又经重建，规模更加宏伟，气势端整肃穆。

湖厝村还有一处著名文物——许真人故居。许真人是玉湖许氏八世祖，名帝卿，生于北宋末年。相传他本是一个挑鱼贩盐的农民，一日挑鱼到外乡售卖，夜宿于龙湖畔的龙王庙中，忽梦龙王向他求助，说是明日夜间有个自称“妙法仙师”的妖道要来毁庙，求他助一臂之力。帝卿果然在第二天晚上埋伏在龙王庙，打跑想来毁庙的妖道。龙王感谢帝卿的相助，赠给他一册无字天书。此后，地方每逢干旱，帝卿便打开天书向龙王求雨，无不灵验。而且，沿海乡村遇到海寇骚扰，也因帝卿作法，驱走海寇，并呼请来一阵大风，把寇船覆没在大海中。直到帝卿逝世后，后代子孙拿着他留下的无字天书向龙王求雨，仍每每有验。于是地方纷纷为他立庙供奉，向朝廷请封为“九使真人”。至今湖厝村还保存着许真人故居遗址和一座石狮子。1999 年更由旅菲华侨许宝泉先生出资在村边新建许真人三开间三进庙宇一座，富丽堂皇。每到农历九月十九日许帝卿诞辰，村人都纷纷到许真人庙中祭拜。

赤埕许氏是二世祖许泮派下的一支，早先曾徙居外乡。到明代十六世许必曾又从石狮凤里山上村迁回晋江湖厝赤埕（雅号“赤城”）村，成为赤

● 晋江市金井镇湖厝村许真人故居及许真人神像

埕许氏开基祖。经数代传衍，人丁兴旺，分为4个柱分，曾自建祠堂一座，堂号为“凤山衍派”。至清代，闽南沿海百姓纷纷到台湾开发。赤埕村许氏因人多地瘠，也多有东渡海峡到台湾开拓的。台湾新北市林口区湖北里的赤埕村，就是由晋江湖厝赤埕许氏先人前去开创的。

两岸许氏宗亲永怀许真人

据台湾新北市林口区中湖里许永泉2006年编修的《新北市林口许氏族谱》记载：新北市林口区许氏有四大支派，除第一支派为石狮市蚶江镇锦里村许志明的传裔外，第二支派是晋江十四都湖厝赤埕乡许得、许天吉、许鹤的传裔。三位开台祖同一支派，于清道光年间渡台，分居新北市林口区湖北里赤埕，分为大、二、三房。第三支派开台祖许廉，也是清道光年间由晋江湖厝赤埕迁台

2012年，福建省姓氏源流研究会许氏委员会代表团赴台湾参加第四届海峡百姓论坛，在高雄合影

• 2012 年，福建省姓氏源流研究会许氏委员会代表团赴台湾参加第四届海峡百姓论坛，在圆山饭店与高雄市烈山五姓互赠锦旗留念

的，后代居住在新北市林口区湖北里赤埕。第四支派开台祖许承珑、许承选，也是清道光年间由晋江湖厝赤埕迁去，后裔居住于林口区湖北里赤埕。许承选一支失传，现在仅留许承珑一支。该村许氏以“太岳传芳”“瑶林衍派”“凤山衍派”作为堂号，字行也都是“逊志经书自有文章光世德”。

2010 年 4 月，为了联络海峡两岸宗亲，做好闽台许氏族谱资料搜集工作，福建省姓氏源流研究会许氏委员会会长、晋江湖厝村人许春安与晋江湖厝赤埕许氏宗亲会会长许文从和副会长许新阳、许培聪专程到台湾新北市林口区湖北里赤埕，拜访该地的宗亲会会长许政治、宗亲会理事长许源一，在林口区许氏老人活动中心受到台湾宗亲的亲切接待。应许春安会长的邀请，台湾赤埕的宗亲于 2012 年由许政治、许源一带着一个 10 余人的恳亲团来到大陆祖家寻根谒祖，在晋江湖厝村祭拜二世祖陵园和许真人故居，与赤埕宗亲共同缅怀先人的业绩，实现了多年的寻根梦想。2018 年 6 月，许春安、许文从一行再次访问台湾林口湖北里赤埕，邀请他们前来参加晋江湖厝村许氏历史文物保护 20 周年庆典，得到台湾宗亲的热烈响应，拟以在西安开发的著名台商许鸿春作为恳亲团团长，率团前来参加庆典。

除了林口区湖北里，台湾北港还有湖厝赤埕人开拓的另一处赤埕村。清康熙二十三年(1684 年)，晋江湖厝赤埕许意观迁居台湾云林县北港镇下仑村开垦，也将其开拓之地命名为“赤埕”。北港下仑村赤埕许姓四大房皆为许意观的后裔，现在已经传到第十二世，人口一二百人。村民许胜源现在是台湾劳动党高北区主委。2019 年 6 月 14 日，他来到大陆参加第 11 届海峡百姓论坛，特意拿着开基祖墓碑写着“晋邑赤庭(根据闽南口音误写)”的照片，向福建省姓氏源流研究会查询起他们的祖里，当时就得到肯定的回答，并得到晋江湖厝赤埕宗亲热诚的邀请。

晋江湖厝赤埕许氏不仅传播到台湾，还传播于金门。金门岛与晋江湖厝村仅一水之隔，在天晴的日子，站在家门口，对面金门岛上的人烟树木历历可见。海面上则不时穿梭着两岸的渔船。早在 20 世纪 40 年代，晋江湖厝赤埕的渔业相当发达，置有 30 多艘钓鱼船。赤埕渔民在海上结识了金门县金宁乡的许姓渔民。交谈之下，才知道是早年迁往金门定居的宗亲，而且他们的村庄也叫作“赤埕”。当时金门赤埕村的许氏宗亲还没有修造族谱，特地派人驾小船来到晋江湖厝赤埕，造访赤埕许氏保管族谱的许秀练，查阅族谱，认为同宗，并要求将族谱借去抄录。可是之后不知何故许久都没有归还。直到 20 世纪 40 年代末，

晋江市金井镇湖厝村许氏宗祠

● 晋江市湖厝赤埕许氏祠堂石栏杆

两岸处于战争状态，脉脉一水，两地宗亲遂隔绝多年，音信不通了。

2010 年 6 月和 2019 年 5 月，许春安会长和许文从、许新阳、许培聪一行始到金门探访宗亲，得到金门县许氏宗亲会理事长许秋霖、原理事长许金象，金门县金宁乡安岐许氏宗亲会理事长许金土、原理事长许嘉栽，金宁乡退休公务员许恭礼等多位许氏宗亲的热情接待。因问起当年金门赤埕宗亲的事，才知道原来金门金宁乡的赤埕村在 20 世纪 50 年代因自然环境的变迁、海潮侵袭已经消逝了。在金门许姓宗亲带领下，许春安一行来到金宁乡海边，参观赤埕村遗址。只见海边一片 50 亩方圆的地方，留下若干残垣断壁。原来的居民现已四散迁走，有迁居台湾地区、新加坡等地的，也有就近搬往离此一公里的金宁乡官澳村居住的。

● 晋江市湖厝赤埕许氏祠堂镌立的赤城祖训

陪同去寻找遗址的官澳许姓村民

说:“原来在海滩上有一座赤埕宫,历经海水侵袭,风吹浪打,早已坍塌了。而原来在赤埕与官澳村相邻的海边,面对大嶝岛的地方还有一座凤山寺,是远近闻名的一座古庙,也被海水淹没了。”原来凤山寺供奉的“广德尊王”和赤埕宫供奉的“关圣帝君”就移在官澳村村口新修的龙凤宫中,官澳村也把“广德尊王”当作本村的当境神。据村民指点,如今官澳村已经平整了2亩多地,筹资1000多万元(折合成人民币)准备修复古迹,重建凤山寺,不久前刚举行了奠基典礼。许春安先生认为,石狮凤里山上村(晋江湖厝赤埕开基祖原住地)许氏从来以“凤山衍派”为灯号,而且敬奉“广德尊王”作为当境神,当年的凤山寺与赤埕许氏有着深远的关系。

“广泽尊王”神像

晋江湖厝赤埕许氏现有人口四五百人,原先在清代建有一座三开间两落的祠堂,因积年风雨早已圮废。之后作为湖厝许氏一支,族人平时便在湖厝许氏宗祠祭祀祖先。如今乡村重修祖宅成为风气,族人又筹集250余万元,就旧祠堂地重新修建一座三开间三进、面积338平方米的祖宇,用作族人的文化活动中心。工程预计在2020年完工,届时他们还要邀请分支于金门、台湾的宗亲前来共庆祖宇落成庆典,再叙两岸的百年亲谊。

(许春安/供稿,粘良图/整理)

两岸两新市

迁台的晋江金井新市人广泛分布于台湾府、承天府、盐水港、鱼寮庄、竹堑、彰化、淡水、大坪庄、石潭里、澎湖列岛等地，也有一些聚族而居的，如台南就有一个以祖地命名的新市村。

晋江市金井镇东北部，距金井街1公里处，有个自然村名叫“新市”，村民皆为曾姓。而在海峡对面台湾台南市也有个新市村，村民也是曾姓。究其渊源，台南的新市村就是从晋江新市村迁居的。海峡两岸两个新市村是同一根源、共一祖宗。

曾氏源出姒氏，是大禹的后代，以春秋时鄫世子巫为曾氏得姓始祖。越五传曾参为孔门高弟，他勤奋好学，颇得孔子真传，编《论语》，著《大学》，写《孝经》，著《曾子十篇》。孔子的孙子孔伋（字子思）师从曾参，再传授孟子。因此曾参成为孔子学说的主要继承人和传播者，“吾日三省吾身”，遗训流芳百世。曾

晋江市金井镇新市公园

氏自明末崇祯年间，始纂修全国通谱，称之为曾氏“天下谱”，遂誉为“天下一曾无二曾”。

曾姓三十六世祖曾延世，唐乾符乙未(875年)进士，僖宗朝任团练副使。广明间(880年)自河南固始随王潮兄弟由汀入闽，进入清源郡(今泉州府)后，于光启二年(886年)，肇基城西昇文山(今龙头山)，创建府第定居。后因建坊曰“龙头里”，亦称为“龙头山”，是为入闽曾氏的发祥地。

龙山派曾氏于宋代为泉州一大名门望族。八世曾会，宋端拱二年(989年)榜眼。授光禄寺丞，直史馆，后又出任两浙转运使、刑部郎中、集贤殿修撰、明州知州等职，以文章名世。九世曾公亮，天圣二年甲子(1024年)进士第五名。拜吏部侍郎，同中书门下平章事，监修国史。公辅相三朝，眷遇特隆，历三师三公，两朝累封鲁国公。十四世曾从龙于南宋宁宗庆元五年(1199年)己未科第一名状元及第。有宋之时，龙山曾氏屡登甲第，榜眼开先，状元继美。公侯将相，名臣显宦，簪缨奕世，享有“曾半朝”之美誉。尤其是曾公亮为泉州第一位入阁拜相的杰出人物，为官清正，关怀百姓。主编《武经总要》40卷，被中外誉为军事百科全书。

至龙山十八世曾元起，号岩瞻，始开房于晋江十六都新市乡。

新市山脉发源于位于晋江永和与英林交界之处的大角山。其山龙东趋，南伸海峡，谓之“南风回龙”。新市地临海港，明代以前，自井尾、下沥以南，南埕以北，尽是渊泽大海。新市西面港湾，碧波浪静，直延伸至山头上帝公宫前。海港船行往来成渡，商贾云集，贸易频繁。为了便利客商交易，遂有邻近乡民于渡头港边，架棚搭寮，建客货栈，而逐渐成墟。故谓之“新市”。今新市曾氏祖厝边，有草埔埕遗址，相传以前南安人经常用船只运载柴草在其处囤积出售，故名。

新市村南面原来有银厝村，陈姓(祖籍河南)居此，灯号“银山”。清雍正年间，时遇旱涝灾祸，又遭“土猴”肆虐，颗粒无收。村民因而迁居晋井、古垵村。该村遗址如今已改建为新市公园，成为一处秀雅的园林景观。新市东南又有后市村，也是陈姓住居，遗址在今晋江市职业中专学校新校区内。后乃迁居钞岱村，今其祖厅门匾仍书写“后市陈氏祖厅”。新市东北原有7个村庄，皆为杨姓，人烟稠密，有七社里五菜市，市中有18座猪砧，闻名遐迩。新市西北乃苏厝村，为苏姓居住，遗址在今赤铅埔，迄今还流传着苏小姐梳妆楼的故事。赤铅埔东北方，即今苏庄铺地界内，有东市村遗址，至今尚有残存的土墙。新市北面原有东洲、西洲二村，都是周姓。因天灾人祸所逼，部分迁徙至围头、岑下村居住，部分迁居深沪土屿，亦有一部分迁徙台湾谋生。前年曾有一位西洲村移居台湾的周氏后人，遵其先父遗嘱，回大陆泉州南门外西洲祖居地寻祖，历经数次寻找无果。之后，他又通过《晋江经济报》记者陪同来金井新市寻访西洲祖地。有熟知地方典故的新市村民向台胞讲述了以前东洲、西洲村人迁徙的情况，并陪同到岑下村、围头村查核周氏族谱，果然在围头周氏族谱中，找到了他的直系房祖及其族亲，得酬夙愿。

当时在苏厝村与西洲村交界处尚有一集市，物资交易，颇为繁荣，称为"西市"。西越海港乃前垵村，西南即沥洲村。古称沥洲、东洲、西洲为"三洲"，新市、东市、西市、后市、七社里为"五市"。此乃"三洲五市"的由来。

龙山曾氏十八世曾元起，祖居南安三十五都五峰山下，白石上曾乡人氏。曾元起生平好读诗书，颇识地理，为人忠诚笃实仁义。元至正年间，初徙居晋邑南塘，曾应聘至晋江金井曾坑亭东为西宾(私塾先生)。闲游时，见新市地处滨海，山脉直伸海峡；海港渊泽，碧波浪静；帆行往来，港渡畅通；人烟云集，繁荣昌盛；港道弧形如弓，新市乡里之地势较低，西面傍依港湾边渡头，犹如半月，远眺若"半月沉江"之势(故新市亦名"盱江")，有择居于此之意。遂于明洪武二年(1369 年)肇基于此，成为新市曾氏开基始祖。嗣后世裔繁衍，人才辈出。原居此地的胡、黄、邱等各姓，因发展不顺遂，各自迁移他乡。至此，新市遂成为曾氏一姓所居之地。

新市曾氏二世祖曾扬，字文博，号"安仁处士"。秉承家学渊源，平生孝友，熟谙诗书，名著海邦，邻里遂称新市为"安仁里"，以示景仰。

自始祖肇基新市迄今，已历 650 载。现在，新市曾氏总人口数有 1300 余人。而繁衍于海峡两岸及港澳和海外菲律宾者，达数万人之多。

新市曾氏宗祠，始建于明代嘉靖年间，坐东向西，东以乌云山为屏，西环海港为玉带，南邻井尾街东宫，北依山头拱秀庙。祠前汇聚"四水归堂"之源，归于中池。明嘉靖辛酉年(1561 年)倭乱，宗祠曾遭兵燹。至明万历庚戌年(1610 年)

● 晋江市金井镇新市村曾氏宗祠

复建。清康熙元年(1662 年)“禁海”“迁界”,宗祠又遭焚毁。清乾隆二年(1737 年)再重建。清乾隆辛亥年(1791 年)重修。清光绪二十四年(1898 年)再重建。1988 年由新市旅菲律宾宗亲捐资重建。2012 年又再重建。

祠堂占地面积 420 平方米,二进三开间,带天井配大石埕,青石龙柱,透雕笼扇,雕梁画栋,金碧辉煌。祠堂中悬挂列匾,有清雍正世宗宪皇帝钦赐曾氏圣裔“省身念祖”,明朝宰相张瑞图手书真迹“三相世泽”,湖南宁乡曾氏南宗通谱总局赠送的 “孝思为则”“太师”“中书令”“团练副使”“中宪大夫”“奉直大夫”“提督”“副魁”等 16 方匾额。祠堂对联“东鲁名贤裔,南闽鼎甲家”“东鲁传万世,龙山衍千枝”“大学孝经先祖德,状元宰相旧家风”“金马玉堂清源祖,乡贤名宦世臣家”“龙山圣裔传新市,碧石分支继盰江”“勋业大唐团练使,贞忠有宋散骑侯”“四世入圣门,诗礼传家称东鲁;三代登相府,文章华国羡龙山”“念先人立身教家不外纲常大节,嘱后世继志述事毋忘孝思初心”等多幅。祠前并立双旗杆夹,前埕大门双狮呈祥。美轮美奂,巍峨壮观。

1988 年新市旅菲律宾宗亲捐修祠堂时,并筹资重新修葺开基祖陵墓。新市曾氏历代祖墓墓碑上均不镌“新市”村名,而沿用开基祖墓碑上所镌之“盰江”二字。

新市开基始祖由白石分派，其谱牒世系明白、显而易见。自明清以至民国，有多次重修。1988 年，二十世曾文聘又主持第八次续修。又于 1997 年将全族姑姐妹都收录入谱，作第九次续修。2012 年由曾长源主持第十次续修，此次续修包括分衍杨梓坑、前垵、金井街曾氏族亲各房世系。新谱接续旧谱《武城曾氏重修族谱》。旧谱本 15 册，新续修族谱为宣纸手书本 31 册，全套共 46 册。

明嘉靖辛酉年（1561 年），倭寇侵扰东南沿海一带，并入侵深沪。深沪湾南面古有“深林险境”，一片林海，时遭倭寇砍毁，遂成一片荒坡，大风刮起风沙，滚滚南飞，风沙逐年南移，新市的海港逐渐沙积流淤而埋没。直至清末民初，海港已变为一条溪流，两岸则垦为田畴。

当时新市族人遭受风沙摧残之苦，幸得乡里贤达之士发动全村族人共抗天灾，群策群力，在公杆、东洲、杆岸、大崙 4 座沙山植树成林，阻挡住东北而来的风沙，以免村庄田地像银厝、西洲等村一样被沙丘埋没。如今村庄北面尚遗留东洲、杆岸山两处沙山，林木翠碧茂盛依旧。

原来新市濒临海港，村民经济收入多依靠海港渡头搬运，或做些小本经营，或捕捞小杂海鱼虾等收入，尚可谋生。海港淤塞后，船只不能行驶，两岸淤积成盐碱地，不宜耕作，村民经济收入

晋江市金井镇新市村开基祖陵墓

● 武城曾氏重修族谱

逐年减少，生活困难。所以一些族人不得不离乡背井，迁徙国内各地甚至异国外邦谋生。

清康熙元年(1662 年)，清政府发布沿海“迁界”之令后，新市曾氏族人被逼挈家带口迁居内地，乡里房屋尽被烧毁殆尽，成为一片废墟。直至清康熙二十二年(1683 年)，历时 21 年之久，解禁“复界”后，沿海地带满目疮痍，族人遂陆续返回故里，重建家园。时有十二世曾翊袍，字孟授，奋然曰：“人之不学，何殊不孝……乃复筑一椽，择师以诲族子弟”，说明先辈历来对文化教育的重视。至清光绪年间，新市隔壁分兴办奎璧小学，乃取自龙山派字辈派语前二字“奎璧”为校名，厥后隔壁分又以“奎璧”二字为名，称为“奎璧分”。而南山房与后墘分联合创办三省小学，乃取自曾氏祖训“吾日三省吾身”之中“三省”二字为校名。1953 年新市村在旅菲华侨支持下，创办了晋江县私立金市小学。1965 年，鉴于旧小学校舍破旧不堪，学生没有一个好的学习环境，新市旅菲侨胞又共襄义举，热心捐款，为家乡筹措建新校园的资金。家乡群众踊跃献工，于 1966 年 9 月建成新校园，并命名为“光华小学”。其后，又陆续有侨胞捐资，建筑教学楼、综合大楼，令校园环境焕然一新。

明末清初，闽南沿海战乱频仍，新市曾姓就有随郑成功军队东渡到台湾定居的。到清康熙年间，台湾收归中国版图，新市村又有大批族人乘“海禁”开放之机，成群结队渡海往台湾垦拓。据族谱统计，新市曾氏迁台的有200多户，人口达328人之多。

最早迁台的是在明崇祯末年，新市十一世前厝分曾宏璧，招集一伙贫民前往台湾开垦。

清乾隆、嘉庆、道光年间，则是新市曾氏往台最频繁的时期。谱记：

新市十四世大厝分曾尚卦，配妻陈氏，夫妇往台湾。

新市十五世新厝分曾璧琛带领整个房分23户，带着耕牛、农具渡台往大坪庄开垦定居。

新市十六世大厝分贞贻房系曾兴圆（1758—1829年），原名呈圆，字逊成，清嘉庆间往台湾读书，清道光戊子（1828年）中举人，卒葬于台湾府。

新市十六世田埭分曾呈甘带妻子苏氏、儿子曾云柳渡台，海上遭风暴身亡。

中德房奎璧分的青壮年，几乎全数往台。

据族谱记载，迁台的新市人广泛分播于台湾府、承天府、盐水港、鱼寮庄、竹堑、彰化、淡水、大坪庄、石潭里、澎湖列岛等地。也有一些聚族而居的，如台南就有一个以祖地命名的新市村，居住的是晋江新市曾氏的传裔。村中有当境神庙，供奉的是从祖地请往台湾的神灵“温王爷”。村中的圣诞日是农历九月十八日，与祖里晋江新市是同一个日子。

台湾高雄冈山镇石潭里也是晋江新市曾氏传裔聚居的村庄。该村的开基祖曾载（1637—1720年）于清康熙年间往台垦拓，营得一处立足

“温王爷”神像

之地，于是寄信回家，让妻子陈氏到台地团聚。当年妇女难得出门，更何况单身渡海？陈氏迟疑不决，于是向平时供奉于家中的观音菩萨祈祷，卜问吉凶。据说观音菩萨托梦给陈氏，答应保护她渡海往台。陈氏大喜，又在神前卜杯，杯杯都显示吉兆。于是陈氏带着观音神像渡台会夫，在台地传衍成一大家族。而今村中建有瑞华堂，供奉的就是祖妈陈氏带去的那尊观音菩萨。

台南新市乡社内村，也是晋江新市村曾氏族人建基传衍的。

海峡两岸新市曾氏历来不乏交往，如民国初期，台南新市村曾呈凝等4人曾返回晋江金井新市祖地居住，受到族亲们的热心关照。与此同时，旅居菲律宾的曾云崇宗长也至台湾新市访亲，并将台湾堂亲赠送的双联香蕉、黑皮甘蔗和台湾鲢鱼脯等土特产品，带回祖家晋江新市与族亲同享。

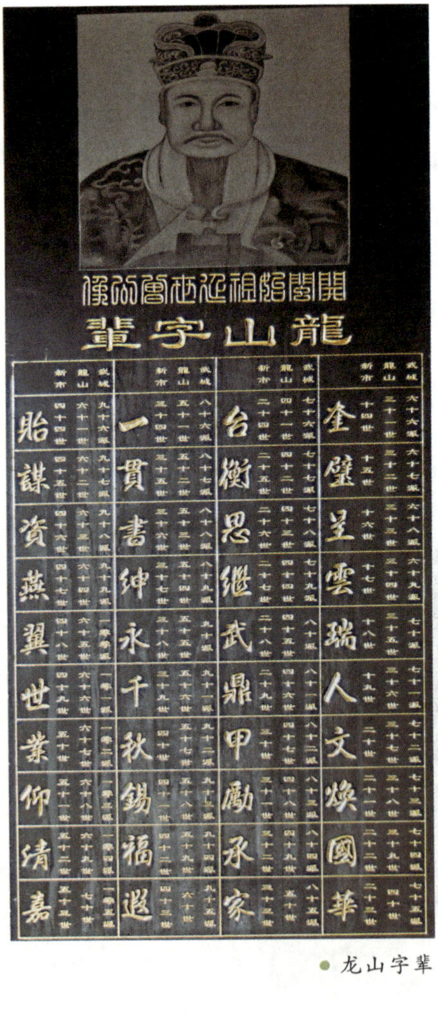

● 龙山字辈

民国十九年（1930年），泉州曾氏家族在南安白石壶冈山祖墓群拜谒祖墓，组织了各地200多人参加，台湾新市曾氏特地派代表参加谒祖仪式。民国二十年（1931年），湖南宁乡曾氏南宗通谱总局派员来泉重修曾氏族谱。有关人员至晋江新市修谱时，旅居于台湾地区、菲律宾的族人，均有组织或派员回晋江新市祖里参与纂修族谱工作，登记在台族人的翔实情况，与祖家族人的世系合编成一册。

抗战时期，旅菲新市曾氏同乡会理事长曾文鹏、新市绅士曾文剖宗长，先后到台湾新市访亲，都受到了台湾新市曾氏族亲的热烈欢迎及热情接待。

海峡两岸新市曾氏，历来沿用武城

所编的字辈:“宏闻贞尚衍,兴毓传纪广,昭宪庆繁祥,令德维垂佑,钦绍念显扬,建道效安定,懋修肇彝常,裕文焕锦瑞,永锡世绪昌。”

清乾隆五十年(1785年),龙山派缙绅又编成龙山派曾氏字辈:“奎璧呈云瑞,人文焕国华,台衡思继武,鼎甲励承家,一贯书绅永,千秋锡福遐,贻谋资燕翼,世业仰清嘉。”武城曾氏以六十三世起为“宏”字辈,龙山曾氏以三十一世起为“奎”字辈。所以武城六十六世“尚”字辈与龙山三十一世“奎”字辈是同一辈行。新市以“尚”字、“奎”字为十四世。目前,晋江新市村已传衍至二十五世“衡”字辈。

20世纪50年代以来,海峡两岸隔绝往来,移居台湾的族人自此音信中断,两岸新市人只能望洋兴叹,以寄予怀念族亲之情。

直到20世纪80年代,海峡两岸终于开始接触。1991年3月,晋江新市村曾文聘宗长用长途电话与台南新市乡副乡长曾建宁(又名曾万春)宗亲通话联络,连接起两岸分隔多年的亲情关系。通话之中,曾建宁称其家中尚存从大陆带过去的《武城曾氏重修族谱》,他本人是属大陆新市乡东库分的。文聘宗长邀请他回大陆祖家谒祖。曾万春宗亲回复文聘宗长说,他正在联络宗亲,准备要和族亲组团回大陆晋江新市祖家谒祖。后来,不知缘于何原因没有实现,曾文聘老人直到临终前还念念不忘,对此深感遗憾。

1991年5月、11月,建居于台湾高雄县冈山镇石潭里的曾天麟先生,奉其父曾文祥之命,接连两次到晋江新市村寻根谒祖。第二次来访时,他还带来台湾的族谱,与祖里族谱详细核对。查明是新市曾氏后垅分汉襄房系曾宏珰之第三子、新市曾氏十二世祖曾闻璋,又名孟璋,字翊载(台湾名曾载)的后人。顺利圆了多年的寻根愿望,使曾天麟先生十分欣慰。

海峡两岸曾氏是血肉相连的一家亲,却隔绝了这么多年,真是令族人遗憾!大陆新市村的曾氏期待着台湾新市曾氏族亲,早日回到祖里的曾氏宗祠,在农历十一月十五祭祀祖先之日,两岸族亲共聚一堂,一起为列祖列宗敬上一炷清香,祈祷两岸早日和平统一。

(曾长源/供稿,粘良图/整理)

寻找吕宅老家

台湾新水村许义顺听说厅堂匾额、神位上写的“吕宅”是指泉州的祖家，就一直把吕宅祖籍地记挂在心中。哪知他到泉州寻根，竟寻找了20年。

台湾彰化县埔盐乡新水村，有一座庭院宽敞的三合院，居中的厅堂门额上，高高挂着一方“吕宅衍派”的匾额；而在厅堂里头安放的“历代高曾祖神位”上，也赫然写着“吕宅”两字。自小随着长辈出入这所厅堂参拜神明、祭祀祖先的许义顺，不免问起厅堂匾额“吕宅衍派”的意思。堂兄许金发告诉他，这匾上、神位上写的“吕宅”，可不是指咱们新水吕家居住的房宅，而是指大陆的祖家，咱们的老祖宗就是从那里迁来的。听了这话，许义顺就一直把吕宅祖籍地记挂在心中了。哪知他到泉州寻根，竟寻找了20年。

晋江市深沪镇运伙村吕宅隘门

● 2018 年第 10 届海峡百姓论坛期间，台中税务部门原副局长许义顺（二排左一）和福建省姓氏源流研究会许氏委员会代表团团长许春安（二排中）于台湾新竹市合影留念

许义顺熟知家乡彰化县埔盐乡的历史。这里位于台湾彰化县中部，原先是一片满目荒野的盐碱地，本为平埔人“巴布萨族”马芝遴社的居住地区，约在清雍正、乾隆年间，由泉州一带渡海而来的先民到此拓垦，只见当时地面被一种耐盐分植物蒲盐菁所覆盖，遍野白茫茫的，因此将地名取为“埔盐”。许义顺从小听祖父讲古，说起许家的老祖宗是泉州下南人，自清朝的时候来这里开垦的。老祖父还告诉他，他平时喜欢吃的牛舌饼、煮面线，就是泉州下南人带来的口味。

20 世纪 80 年代，海峡两岸同胞开始了通往。看到台湾彰化不少族姓纷纷到大陆泉州寻根谒祖，许义顺也不断托人打听泉州下南吕宅的信息，可是一直没有得到实信。

2005 年，年将花甲还在台中税务部门任职的许义顺陪伴着老母亲来到福建省南安市。因她老人家是清水祖师虔诚的信徒，发愿要到南安新村小垅口重建一座清水祖师庙——佈岩功德院。许义顺为建庙宇捐献了 100 余万元，从择址到奠基，到施工，他穿梭来往于海峡两岸，并与当地的许天清宗长结成好朋友。有一回，他们俩一同来晋江安海镇上，在颜清芽先生家中喝茶，因说起自己多年来寻找吕宅祖家的事情。恰好这位颜先生原本是个挑着货郎担走乡串里卖针头线脑的货郎，他胸中就有一幅晋江"活地图"。这位颜先生想了想，说："在深沪镇南面有一个小乡村就叫'吕宅村'。可是在1949年以后，与邻近几个村子合并成运伙村，这'运伙村'的名字一直沿用至今，知道吕宅村老地名的人不多。"听到这个信息，许义顺高兴极了，多年来一直寻找的祖家终于有了下落。他急忙请颜先生引路，同许天清结伴来到晋江深沪镇运伙村吕宅自然村拜谒祖里。刚到村口，许义顺就看到一座重檐歇山顶、装饰着剪瓷五彩游龙的高大牌楼，檐间红底金字牌匾上大大地书写着"吕宅"两字。20年的寻觅终于有了结果，他的心激动得快要跳出来了。

运伙村位于晋江市深沪镇西南，东毗连柳山，北接坑边，西南与金井镇交界，辖吕宅、石井、西尾、坑前、坑后5个自然村，土地面积1.68平方公里。人口1200余人，旅居港澳台及海外的侨亲800多人。其中较大的自然村就是吕宅村。吕宅初成于宋，明代隶属于晋江十五都。也曾经发展成人口2000多人的大

晋江市深沪镇运伙村吕宅许氏祠堂

村，却因为瘟疫、天灾，村民死的死，搬迁的搬迁，终于只剩下几百人口。民国三十三年(1944 年)该村属深沪镇龙安保；新中国成立后，1956 年属金井区运伙乡，1959 年属金井公社运伙大队，1961 年属深沪公社运伙大队，1984 年改为深沪镇运伙村委会。相传明成祖朱棣永乐三年(1405 年)，奉永乐帝圣旨，吕宅村侨领许柴佬荣膺吕宋国(今菲律宾)总督 20 年之久，在中菲关系史上留下光辉的一页。明朝倭寇横行时，以吕宅村村民为核心的八乡乡民曾在村中龙泉宫集结抗倭。20 世纪 30 年代，该村成为泉南一带重要的革命基点村，地下党以此为活动基地，先后出过许运伙、许宋钗等革命志士。为了纪念壮烈牺牲的许运伙烈士，新中国成立后，晋江县人民政府把吕宅、石井、西尾、坑前、坑后 5 个自然村命名为“运伙村”，并确定为“老区基点村”。2006 年以来，运伙村建设取得了丰硕的成果，村中建成绿树成荫、鸟语花香的公园、纪念园，村道整洁，村民和谐，得到了各级各部门的充分肯定，获得了“全国文明村镇”“全国农民健身示范窗口”“福建省卫生村”“泉州市文明村”等国家、省、市各级诸多荣誉。

晋江市深沪镇运伙村吕宅许柴佬故居

在吕宅村许兴焕宗长带领下，许义顺到村中吕宅老人会拜访宗亲，到吕宅许氏祖厅烧香拜谒先祖。他一路走一路拍照，准备把找到吕宅祖家的消息早一日告诉隔着海峡的新水村吕宅的堂亲们，让他们一起高兴高兴。

说起吕宅许氏，自古以来分为 4 支派：西花派 1 支、蓬山派 2 支、瑶林派 1 支。据说以瑶林派一支最早来此定居，所以也称“顶厝房”。据瑶林许氏族谱：

“吾族一世祖讳爱公。二世祖泮公同次子三世祖郎公出居晋江金井湖厝村，为晋邑十四都湖厝村许氏开基始祖。二世祖泮公派下传至八世祖帝卿许真人，十五世祖许书昭，其三子十六世祖许适南为狮头分支祖，同长子十七世毓奇、次子十七世毓甫分居晋江龙湖镇浯坑村，后再迁徙晋江深沪镇吕宅村顶厝分。”

台湾彰化埔盐吕宅衍派许氏家谱

经过福建省姓氏源流研究会许氏委员会会长许春安宗长的协助，许义顺终于确认他的祖先，迁居台湾彰化县埔盐乡新水村的吕宅衍派一支就是顶厝分十八世祖许柴佬派下的裔孙，是于清嘉庆年间到台湾入垦的。经过许春安宗长鼓励并提供资料，许义顺在古稀之年重新操起笔杆，要完成一件对家族很有意义的大事——编撰一本《彰化埔盐吕宅衍派许氏家谱》。许先生的两个儿子都在大陆发展。长子许文骏2006年在陕西中医学院中西医综合脑病研究所毕业，现在是陕西咸阳市文林社区服务站主治医师，已

台湾彰化县埔盐新村吕宅衍派庭院

育有一子一女。次子许渊钦 2005 年由台湾华梵大学东方人文思想研究所毕业,2011 年又在四川大学历史系博士毕业，现为四川大学副研究员，也已成家。许义顺想把这本族谱留给子子孙孙,让他们知道木本水源,知道自己在海峡西岸还有一处祖家,同台湾埔盐祖家一样,名字叫作“吕宅”。

2019 年 6 月 16 日，许义顺来晋江市宝龙酒店参加闽台许氏同宗同堂号同名村文化交流恳亲会,他带来了印制精美的《彰化埔盐吕宅衍派许氏家谱》。家谱包括有谱序、许姓概述、许泮公像、泉郡爱公派下瑶林世次字行、吕宅村顶厝分世系表、许真人传略、许柴佬事迹、吕宅衍派许氏在台湾彰化县埔盐乡先祖记载、吕宅衍派在台湾彰化县埔盐乡新水村许氏家谱等内容,颇称完备。书中还附有晋江市深沪镇运伙村吕宅牌楼、地名碑、吕宅许氏祠堂、许柴佬故居以及台湾彰化县埔盐新水村“吕宅衍派”庭院、厅堂、祖先牌位等彩照。

许义顺先生在大会上发言，将他的寻根访祖的过程和心得同来自海峡两岸的几百位许氏宗亲分享。他说:“我从小就记得祖父的教导,一个人无论能赚多少钱,能做多大的官,而忘记了自己的祖宗,就不算是一个成功的人。正是先辈的谆谆教导激励着我,所以矢志坚心寻找祖家 20 年,终于找到祖居地吕宅村,圆了多年的梦想。”全场的许氏宗亲报以热烈的掌声,一齐对许义顺先生追本溯源、尊宗敬祖的孝行致敬。

(粘良图/撰)

深沪后山与金门后山

元朝时晋江深沪人陈存仁飘散至浯州屿(金门岛)海边登岸,见山体形势酷似故乡深沪,就地定居。深沪前临海,背有后山与碧山山峰,他因怀念家乡而将定居地命名为“后山”及“碧山”。

金门县白沙镇碧山村(又名“后山村”),位于金门岛东北方五虎山山麓,面濒大海,民居聚落依山势缓坡而建,闽南式建筑、洋楼、老屋保存完好。风景秀丽,民风淳朴,历史悠久,素有“金东之珠”的美誉,名闻海峡两岸以及东南亚各国。为陈姓聚族而居的村庄,追宗溯源,其开基祖来自晋江市深沪镇后山陈氏。先人为怀念原乡故土,不忘祖宗,村落一直沿用“后山”与“碧山”之深沪古地名。1958 年,大陆与金门两岸炮战,时任“金防部司令官”胡琏为避免军人把附近的山后村与后山村混淆,以军事上的需要,特下令将“后山”除名,而专用“碧山”村名。但村民已习以为常,以缅怀原乡祖地为由,仍继续使用“后山”及“碧山”为其村名。

晋江市深沪镇后山社区位于镇区，沪江半岛北部的最尖端，三面环海，西北方为深沪湾，与石狮市永宁镇一衣带水，遥遥相望。东南方连接深沪东垵社区，面对台湾海峡，毗连深沪万吨商业码头。西南方邻深沪璧山社区及深沪国家中心渔港之渔业码头。南连接深沪南春社区大垵。辖有头东、头西、后路尾、司内等角头地分。北部、东部、中部地势较低，头西之古地名为“岑下”，最高点为头西山顶石头山（现已移建民居）。

晋江市深沪镇后山社区明巡检司城墙根遗迹

深沪半岛地貌状似“醒狮踏浪”，狮头朝南在前，狮尾巴在北为后。很早以前，后山地势崎岖险要，通道险崩壥高低起伏，民居依山而筑，重重叠叠。明洪武年间，朝廷派人在后山筑城，置巡检司，成为政府衙门及军事重地，最早的地方政府机关驻地，厘金局等税警部门所在地，至今仍留有“衙埕”之地名。区域内有已废的巡检司城南北二门的墙根，尚存有城隍庙等历史遗址。原巡检司衙门后有俗称“西山”的石头山，故有“后山”地名之称。

晋江市深沪镇后山社区今日风貌

深沪镇后山社区，历代居民多以渔商海运为业，80%的居民从事渔业与相关的工作，为福建省渔业十强村之一。社区居民800多户、4000多人，旅居海外菲律宾等国侨亲以及中国港澳地区几千人。现有29个姓氏聚居，以俗称“后山陈”的陈姓人口为最多。

金门碧山陈氏源流

据《金门碧山陈氏族谱》及金门地方历史资料记载：金门碧山陈氏一族，系深沪陈氏始祖陈应恺之裔、后山支派富丽公裔孙陈德宗，于元朝时官居一品平章事，因刚直建言朝廷被祸。其3个儿子在家乡闻讯，乘舟泛海而逃，遇风飘散。次子陈存仁带妾柳氏，飘至浯州屿（金门岛）海边登岸，见山体形势酷似故乡深沪，就地定居。故乡深沪前临海，背有后山与碧山山峰，因怀念家乡而命名为“后山”及“碧山”。

从深沪后山逃至金门的陈存仁，为开浯碧山聚落的始祖，自元代至今，已有700多年的历史，开拓奋斗，传衍生息，成为金门的望族。陈存仁配有黄氏、翁氏、柳氏3位夫人，生有5子，分西间派长房、东间派二房、中央派三房、门口派四房、下溪派五房。其后各房各系繁衍播迁，枝分叶茂。其开浯始祖陈存仁殁后与妣合葬于金门碧山乡后山头，墓地名“大翁脊”的地方。明隆庆四年（1570年），金门碧山陈氏于开基祖墓前建造大宗宗祠。当年十月十六日出探，元旦迎主入祠奉祀。民国元年（1912年），大宗祠再作修葺。其昭穆辈序，自陈存仁开基金门碧山后，族人

金门县碧山村

自德宗公起另行编撰，依次为“德存仕国、汝必文广、体夏甫乾、尧舜禹启、聪明睿智、礼乐射御、修诚齐家、永敦伦常、奋励精勤、奕世兴隆”等字行，灯号为“平章事给事中”，堂号“颍川衍派”。自明清两代至民国初年，金门碧山陈氏又陆续分支至同安县内头小公山、金门湖山、前墩、东溪、台湾、澎湖、菲律宾、新加坡、印尼、马来西亚、泰国等地，人丁兴盛。

颍川深沪陈氏渊源

据《沪江颍川陈氏源流》载，唐总章二年(669年)，闽南发生土著叛乱，陈政任岭南行军总督，奉敕入闽平叛，率领河南光州固始县58姓官兵入闽，成为开闽陈姓始祖，其子孙散布闽南及福建各地，素称“将军派系”。

陈政之长子陈元光在泉州至潮州之间增置漳州府，被奉为“开漳圣王”，辖漳泉两州；次子陈元勋亦带兵抵泉镇守，遂为泉州陈姓始祖。

陈元勋有裔孙陈伯镇，入迁晋江，肇居龙湖炉灶，后徙深沪。生于南宋乾道戊子年(1168年)，卒于宋嘉泰甲子年(1204年)。据《沪江茂山陈氏家谱首卷》载：“南宋嘉泰四年(1204年)，伯镇公徙居吕宅，移居霞沙，末五十年房屋多次

晋江市深沪镇陈氏宗祠，祠堂匾为陈立夫题书

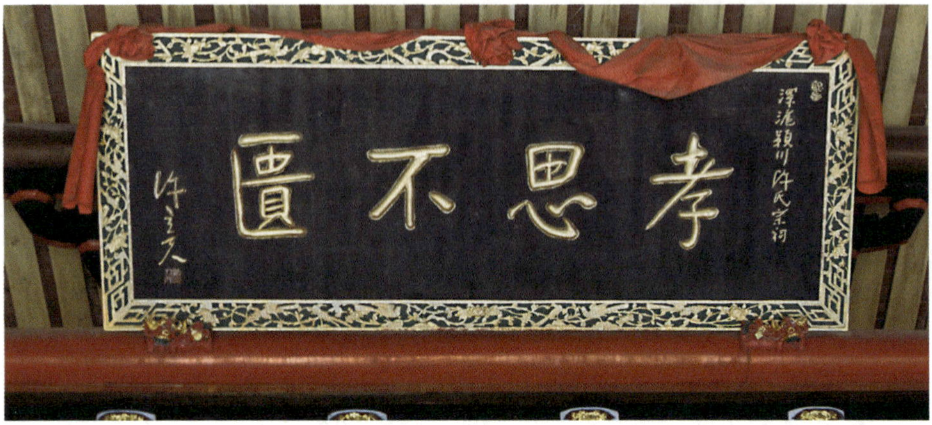

● 晋江市深沪镇陈氏宗祠内的陈立夫题匾

被流寇烧毁，且民间多贾海，于是渐移深沪，并部分移居芦塘，或造巨艘以过洋或筑石沪以捕鱼，互相牵引，避地趋利，而霞沙之居者寡矣。”

“陈伯镇生有陈应恺、陈应恒两个儿子，长子应恺，字善夫，号馢热。生于庆元元年乙卯九月(1195 年)，德配赵夫人，系宋太宗八世孙知郁林州赵汝东之季女。应恺公于淳祐元年辛丑(1241 年)举进士，特奏恩授迪功郎、曾带兵抗金，镇守临安，授兵部侍郎，壬子癸丑年致仕告归，卜居深沪，卒后谥省元。”

《沪江颍川陈氏源流》又载：“颍川深沪陈氏一世祖恺公生有四子，长子富丽衍传深沪后山陈，为后山陈之开基祖；次子富综移居泉州涂山街涂门外肇基；三子富金衍传深沪溪西陈，为溪西陈之开基祖；四子富致移居同安县城肇基。富丽生子有六：长子储瑾为长房祖，次子储连为二房祖，三子储琮为三房祖，四子储琯为四房祖，五子储宾为五房祖，六子储琦为六房祖。其裔于元朝间有陈存仁(廿三郎)因父谏言被祸泛海而逃，迁居金门碧山后山肇基。后又有族裔由碧山

● 晋江市深沪镇后山陈氏族谱

再迁回金井上清，又一支分居深沪港阜。自清代、民国年间至新中国成立，其后裔传衍遍布我国港澳台地区以及菲律宾、美国、澳大利亚、南非、泰国、东南亚一带。”

晋江市深沪镇后山陈氏祖厝

深沪后山陈氏之昭穆字行为：“政公琚俊，孜洪文从，嘉甫和伯。”自二十世迁居深沪后续为：“应富储憬思宗，容文乾弘一学，民锡继世元勋，家声永绍，兰茂芳春，明廷献策，大展经纶。”溪西陈氏从一世起字行是：“兴因才以笃，厥德光世译，天其必已是，为可取而培，著代应绵远，亢宗定预知。”溪西以“茂山衍派”为堂号，后山大部分标以“颍川衍派”为堂号。

深沪陈氏原建有宗祠两座。一为后山祠堂，系为陈应恺长子富丽公派下一脉所奉祀。宗祠始建于明代万历年间，复建于清康熙己亥年(1719 年)，续修于清雍正丁巳年(1737 年)。二为溪西祠堂，系陈应恺三子富全公派下一脉，始建

金门县碧山村陈氏祠堂

于清代中叶。皆坐落于沪江石壁山东畔、碧峰岭山麓之下，背山面水，钟灵毓秀。因年代久远，祠渐荒废，修缮乏陈。改革开放以来，旅菲深沪颍川陈氏宗亲总会诸宗长商议重修二祠，族众响应鹊起。于 1995 年 9 月 16 日竣工。

新建的深沪陈氏两宗祠，美轮美奂，庄严恢宏，正堂高悬“孝思不匮”“兵部侍郎”“进士”等牌匾，金碧辉煌。楹联有“基开深沪情寄千秋留胜景，派衍颍川恩承百代振人文”“帝裔滋颍域入闽开漳成圣祖，虞风伴川流兴泉化沪沐贤孙”。诗碑刻“渔火伴寒钟，海天一色同。银光铺碧岭，情寄谢秋风”“沪江生海日，春梦忆沧桑。潮落双流汇，风迎一叶航”等，充分体现祖德宗功、历代簪缨、炳炎显赫、光耀闽南的深沪陈氏宗族文化。

深沪颍川陈氏先代名人辈出，历代簪缨，子孙兴旺，今事业有成者人才济济，香港著名实业家、第八届全国政协委员陈金烈先生与陈绍庄先生，捐资成立教育基金会，为陈氏子女录取大学本科生实施奖学金制度。从 1995 年成立开始，至今已连续 20 多年举办这样的奖学助学活动，收到良好的效果，誉满海内外。

碧山陈氏人文胜迹

金门碧山陈氏大宗祠是典型的闽南建筑，三开间两进式，富丽堂皇，雕梁画栋，山楶藻棁，髹漆彩金。祠内正厅上梁及左右两侧悬挂有“博士”“进士”“选魁”等匾额，大门联“支分深沪源流远，派衍碧山世泽长”。正堂摆设供奉开基祖存仁公等历代祖先的神主牌位，左昭右穆，肃穆尊严。

金门县碧山村小学

碧山陈氏另建有东西二小宗祠，为洋楼式的建筑，入口门楣上有“颍川堂”“陈氏家庙”的匾额堂号，是全金门岛仅有的两栋洋楼式宗祠。对联“派衍沪江相国家声昭之速，支分颍水将军世泽溯孔长”“将略溯源燕翼诒厥绪，碧山成寝庙鸠工维新”“碧山钟闻气家声光浯岛，祠堂起新模德泽耀金门”“孔昭峥嵘百代箕裘光祖德，孙曾致恪千秋俎豆报宗功”“北海被肩绿水横腰衣冠晋，南山朝笏碧峰护背爵禄加”“碧显钟英南对太武地灵，山明水秀北海百川人杰”，彰显碧山先民褒扬祖德、开拓进取，思念原乡情浓等内容。

金门碧山居民的信仰中心是昭灵宫。昭灵宫供奉的主神是“田府元帅”，又称“相江公”。昭灵宫左侧神龛配祀“福德正神”，是一尊重达 80 公斤的石佛。据说当年渔夫从海中捞起时，神尊虽为石头打造，重量却轻如鸿毛，先民认定神迹显示而敬奉之。

昭灵宫奉祀的“田府元帅”为碧山村当境神，圣诞祭典日为每年的农历九月十五日，俗例如该年村中有人去世或发生不好的事，祭典便延后至下一年。如果平安顺景，在这一天便会热闹非凡，隆重举行盛大祭典，以叩谢神明庇佑，祈求保吉安康。在祭典举行之日，所有碧山人，不论是在我国台湾地区或者东南亚发展的族人，都会不远千里争取赶回家乡参加盛会。

深沪历代流传的民间故事中，对于后山陈氏有族人移居金门碧山开基，世代均言之凿凿；但因何移居金门碧山，却另有说法。说是当年金门碧山陈氏先祖在家乡深沪后山业渔，有一天，出海捕鱼回航，船抵深沪壁山下(宫仔崎下)因入夜浓雾，未敢断定已回深沪，不敢泊岸，大声喊问这是什么地方，只听岸上有声音答道：“上六中九下十三。”碧山陈氏先祖不解其意，因而转航另往，船抵金门岛，误以为是深沪后山而登岸，从此在金门择居，繁衍一村，称为“后山陈氏”。后来一段时间，人们方晓得在岸上回话的是该处供奉的“相江公”，因为深沪壁山宫仔崎上的层数正好是“上六中九下十三”。

深沪壁山宫仔崎是因为崎上有奉祀“相江公”的小宫庙而得名，金门的碧山昭灵宫供奉的主神也是“相江公”，并作为碧山村之当境神。虽然这故事与金门碧山陈氏谱牒的记载不尽相同，但可以理解的是，当时陈氏为逃避朝廷追捕故作隐晦的传说。由此也可见金门碧山陈氏先祖不忘祖地深沪的血缘、地缘及神缘的情结及与故乡千丝万缕的关系。

晋江市深沪镇壁山宫仔崎、宫仔下风貌

在金门碧山聚落里，早年因人口增速快，土地贫瘠，因而纷纷往外迁移，往南洋谋生。清代至抗日战争时期，旅居南洋等地事业有成的华侨，回乡兴建了许多融合中西建筑特色的洋楼，及修建宗祠、兴建学校。

碧山民居聚落坐东北，向西南，顺依山势，缓坡而建，是整体朝向一致的民居建筑老房子。其间有几栋纪念性的洋楼，一是赴南洋致富的陈睿友先生筹建的睿友学校，仿巴洛克风格的建筑形式，装饰华美。另一栋是陈清吉洋楼，台湾地区电影《军中乐园》曾在此取景拍摄，也成了游客参观金门必访的热点。还有陈德辛洋楼是碧山聚落里最早兴建的一栋洋楼，碧山这几栋洋楼均呈现出不同的风貌。而路口厝边，刻写着平安、镇煞的风狮爷与原乡深沪仍保留至今的风狮爷几乎一模一样。

不久之前，碧山聚落由绘本画家刘瑞琪，带领小区义工和碧山安澜小学的学生，以提倡环保爱地球为主题，对古朴的碧山民居进行外墙喷刷彩绘，注入时代新鲜的艺术活力，使古老的碧山聚落村居更加五彩缤纷，焕发出诱人的梦幻色彩，成为金门县的第一个彩绘村，吸引了无数旅客前来观光度假，成为金门热门的观光旅游的一道优美的风景线。

金门碧山村的人文风情，聚落丰富的历史人文景观、民俗环境，曾受到台湾及海内外宗族民俗文化研究专家及两岸学者的极大重视，被誉为“金东之珠”。深沪后山陈氏先民移居金门岛碧山，是生生不息的社会民俗及宗族宗教文化交流生存的载体，是“两岸一家亲”的见证。

“树尾绿绿，草青青，海水蓝蓝，沙白白，潭内有鱼虾，垵口边仔有水路，对面着是阮的原乡叫深沪，对面着是阮的原乡叫深沪。”曾任《金门文艺》杂志社社长、发行人的台湾作家、金门碧山人陈长庆，在他的文学作品《阮的家乡是碧山》中，不间断地重复了“原乡叫深沪”。这句话，彰显了金门碧山人怀念原乡故土、不忘根本的情怀。

两岸血脉亲情交流不断

金门碧山村陈氏与深沪后山陈氏血浓于水的同宗同族亲情，历经数百年未曾遗忘。海峡两岸局势和缓，使两岸碧山陈氏宗亲得以追宗溯源、谒祖祭典、亲情互访。1996 年，深沪颖川陈氏祭安，金门碧山派出代表团前来谒祖庆贺，这是海峡两岸隔绝后的破冰之旅。两岸亲人血缘重聚，欢欣鼓舞。自此两岸交流活动从未间断。

2008 年，晋江深沪颖川陈氏宗亲会赴金门恳亲访问团与金门后山陈氏宗亲合影留念

● 颍川堂金门后山陈氏宗亲会组团回晋江市深沪镇后山社区拜祖

2008 年，金门碧山宗亲再次组织迎祖庆典团前来深沪共襄盛举。同年，深沪宗亲也组织人数众多的回访交流团前往金门。而后，每年的元宵节祭祖，每逢大型宗族换届、谒祖活动，不乏金门宗亲前来参加。

2017 年 5 月 11 日，由深沪颍川陈氏宗亲会主办，恭迎始祖重华舜帝圣驾活动隆重举行，台湾、金门碧山陈氏宗亲会组团前来参加庆典。两岸乡亲真实地了解体现了祖籍地同宗同族的民俗风情、宗教信仰等各方面的中华文化。

2018 年 5 月 19 日，金门后山陈氏宗亲以陈洋安先生为团长、陈顺德先生为副团长的恳亲团到深沪谒祖恳亲。团员多数是第一次踏上原乡故土深沪，从未参观过祖地的宗祠、寺庙、山川名胜，前来寻亲谒祖，欢聚一堂，心情十分喜悦。乡情、亲情，浓浓地融合在一块，对祖籍地美丽的风光、风土人情及日新月异的社会发展有了更深的了解，两地乡亲均感受到同名村深刻的认知及意义。

（吴煜煜/撰）

隔海相望竖旗柱

台湾鹿港丁氏建有进士第，门前竖起高高的旗杆；同时也在祖家晋江陈埭江头新建一座大厝，一样挂起"进士第"匾额，门口石埕上竖起旗杆，高挂"进士"旗子，所以人们皆称他们家族为"竖旗柱"。

晋江陈埭丁氏是宋元时期来泉州经商的穆斯林后裔。据《丁氏族谱》记载，其一世祖丁节斋在南宋咸淳年间(1265—1274 年)自姑苏行贾于闽泉，卜居城南文山里。至三世丁硕德因元末世乱，率子丁善迁居二十七都陈江雁沟里(即今陈埭)，围海垦田，兴修水利，经营海荡滩涂，经数代繁衍为地方大族。今传至二十七世，除旅居香港、澳门、台湾和海外者，有 2 万多人聚居在陈埭镇江头、溪边、岸兜、鹏头、西坂、四境、花厅口 7 个行政村，区域面积 12 平方公里，是福建省最大的回民聚居地。

坐落在陈埭镇岸兜村的丁氏宗祠，是丁氏与当地社会融合发展的象征，1991 年被列为福建省重点文物保护单位，2017 年又由国务院公布为全国重点

晋江市陈埭丁氏宗祠

文物保护单位。丁氏祠堂内石柱上，琳琅满目地镌刻着许多对联，记录着丁氏家族繁衍、人才辈出的历史。丁氏八世祖丁仪，明弘治十八年(1505 年)进士，官至四川按察佥事，有诗集《归囊遗稿》传世；九世丁自申，明嘉靖二十九年(1550 年)进士，官梧州知府，著有《三陵集》；十世丁日近，明万历十七年(1589 年)进士，官南京户部主事，著有《午亭诗文集》；十一世丁启浚，明万历二十年(1592 年)进士，官刑部左侍郎，著有《平圃文集》；十二世丁孕甲，明崇祯十三年(1640 年)进士；十三世丁炜，官至湖广按察使，有《问山诗文集》《涉江集》《紫云词》传世；十八世丁拱辰经商广州，于鸦片战争时编著《演炮图说》，介绍西方军火科学于国内，是一个倡导“师夷之长技以制夷”的爱国者。陈埭丁氏后裔遍布世界，光是在台湾就有 2 万多人。

台湾鹿港丁家大宅

清乾嘉年间，是闽南民众东渡台湾开拓垦殖的高峰期，陈埭丁氏人多地少，除出外经商者，多数只能靠海荡(滩涂)种蛏、割咸草编织为业，为海荡的产权还经常与邻村发生械斗。于是有十六世丁苏、丁派等一批人迁居台湾诸罗县斗六厅开发，繁衍成为丁氏聚居村落。该地现属台湾云林县，因地理位置在台湾最西端而名为“台西”。全乡有 15 个行政村，3 万多人，其中丁姓占 60%，近 2 万人，主要聚居在海口、台西、海南、海北、山寮、光华诸村。丁氏在台西，除垦荒务农外，还在海滩种蛏为业，维持传统生计，保持着陈埭的乡风。其光华村至今供奉“四世祖考仁庵丁公神位”，村中宫庙华阳府奉祀“丁府八千岁”即丁氏八世祖丁仪(号汾溪)的神像。其族谱记载：“汾溪公，学问广博，政事清正，待人和善。家境清寒，能知善读，嘉言善行。皇上及百姓称赞良官。而且对音律、天文地理都很有研究。是丁氏杰出的人才。18 岁弘治辛酉年为举人，弘治乙丑年赐进士（丁仪中举人实为明弘治十四年即 1501 年，赐进士实为弘治十八年即 1505 年），奉政大夫，四川提刑按察司佥事，不久病卒，官民族人非常悲思，明皇赐为神，建庙奉拜。”当地族谱记载，清光绪年间，光华村人丁自来由县学往福州参加乡试，顺路往陈埭丁氏宗祠谒祖，从陈埭带来丁仪神位、神像，奉祀至今。山寮村济阳府也供奉有“丁王爷”。

台湾鹿港十八世祖丁朴实、十九世祖丁纯良墓园

清乾隆年间，清政府开放晋江蚶江与台湾鹿港对渡，泉地往台湾经商、设立郊行的特别多。当时商业繁荣，有“小泉州”之称的鹿港镇住的大半是晋江移民。而在台湾鹿港和晋江陈埭两地，活跃着一个声名显赫的家族，就是丁氏竖旗柱，或称“进士第”。

台湾鹿港丁家进士古厝“新协源”

清道光年间，陈埭大厝房竖旗柱的先祖、十八世丁朴实带着 16 岁的三子克邦、13 岁的四子克家，跨海往台湾鹿港经商，克勤克俭，有所积攒，先是由丁克邦、丁克家兄弟共同创建“盛源”，经营杂货，不辞辛劳，历数年渐得发展。其后丁克家又创置“协源”，经营“船头行”，成为鹿港有数之大行号，“所属数只帆船与对岸大陆港口直接贸易，当时对大陆之交易，北部淡水、中部鹿港、南部

安平三港为中心”。丁克家其父中风，侍疾十余年如一日，是台地著名的孝子，朝廷为其立孝子坊表彰。“盛源”“协源”两家“经营惟勤，声气互通”，家道日隆。

据丁氏族谱记载：丁朴实，讳藤枝，字宜春，生有四子：送来、涵来、坑来、碗来。三子坑来，官名克邦，字振勋，号义亭。四子碗来，即丁克家，字振业，号纯良。丁克邦有三子，长子寿辉，丁克家次子承嗣；次子寿河，三子寿山。寿辉有三子：尔蕴、尔通、尔汉；寿河有四子：启瑞、启岩、启钊、启素；寿山有三子：灿林、灿烜、灿燕。丁克家生七子：长子寿鹏；次子寿辉，承嗣克邦；三子寿川；四子寿康；五子寿祺；六子寿泉；七子寿椿。两家共有九房。其中丁寿辉是“一子承两家”，在分家时仍归于协源的二房。因为丁家在海峡两岸都有财产，于是就让考中秀才的丁寿辉回到大陆祖家结婚，管理祖业，祀奉祖宗。

鹿港丁氏家业盛大，后代以读书为乐，人才辈出。克家六子丁寿泉，于清光绪三年(1877 年)中进士，任台湾白沙书院掌教多年。其兄弟或为邑庠生、太学生，一门荣盛。鹿港有首童谣“本身蔡德芳，女婿林启东，学生丁寿泉，后生蔡谷元”说的就是当时鹿港的名人。因家族中丁寿泉考中进士，丁家在台湾鹿港建有进士第，门前竖起高高的旗杆，同时也在祖家陈埭江头新建了一座二落五间张大厝，一样挂起“进士第”匾额，在门口石埕上竖起旗杆，高挂“进士”旗子，所以人们皆称他们家族为“竖旗柱”。

据丁寿辉撰于 1868 年的《晋邑江头竖旗柱义亭公派下家谱牒序一》等篇可以看到鹿港丁家对木本水源的重视，丁氏在台湾鹿港经商贸易 20 多年，有所积累，仍不时派家族子弟回到陈埭祖家修祖厝、建新厝。“父遂命之曰：‘为人子孙，当思木本水源。祖厅早年经已损坏久矣，不胜抑郁，汝今年获博一衿，务必回家谒祖并宜自赀修理，俾祖先有安灵之所。此分所必然也。’”丁寿辉不负家族所托，“(祖厅早年经已损坏)重翻起盖，越季冬告竣，第思木本水源，敬祖敬宗，人有同志。其族谱、神龛、案桌损坏，致神主之方位洋溢，但谦自赀修理”。其后又自清光绪五年到十六年(1879—1890 年)年间“新置富弟旧厝前回向贰间……自置祖家二落五间张新大厝(即进士第)”。

家族中的老人还提起一桩趣事：他们这一支派因为祖先的名字叫碗来(即丁克家)，旧时大户人家讲究尊祖敬先，要避讳，不可说到这“碗”字，因而将碗改称“碟子”，这一做法让许多刚刚娶进门的媳妇感到很别扭。

1895年甲午战败，清政府被迫割让台湾给日本。当时台湾人民不愿受日本人统治，奋起抗争，一时兵荒马乱，台湾同胞多有逃难回到大陆的。鹿港丁氏一族也大部分搬回陈埭竖旗柱进士第老家居住。族人丁宝华曾记载当时逃难经过：“台湾自为日军所据，‘民主国’虽亡，越年抗日之声又遍全台，我中部东自埔里社，西至北斗，横

● 晋江市陈埭镇江头村进士第

亘二百里皆失守，为抗日军所得，而住北斗之抗日军，忽侵入鹿港，而日军死守土城，掷出火筒，烧毁三面市街五百余家。宝华之住居，所谓旧协源者，家屋二座，皆遭毁，时当丙申(1896 年)五月廿八日也。宝华自晋江闻此消息，心为之碎，匆匆渡台，为省亲族计，至则见故居化为碎瓦颓垣，废墟兵燹，更增凄怆矣。然不畏艰辛，与其族亲谋议，揆之以日，兴工建筑，未几而旧协源两座家屋成，虽不如旧日壮观，又足避风雨、御寒暑，一族复团聚焉。”

记录上面这段历史的是进士丁寿泉的侄子丁宝华，他是台湾彰化县一名邑庠生，中过秀才，很有学问。当台湾沦陷时，同他的族兄弟回到陈埭避难，听到鹿港住居被战火毁坏，急忙回去修复，其后又屡屡往来于晋江、鹿港之间，吊丧问疾，敬老恤幼，深得一族敬重。他 62 岁时卒于晋江，5 个儿子则分居于陈埭江头及鹿港两地。

● 晋江市陈埭镇江头村进士第碑记

在大陆住了 9 年，因经济拮据，加以战事消弭，丁协源一派为谋生计，又举家返回鹿港，收回新店，复建旧居，在日本人统治之下，“第守淡泊家风，其他非敢望也”。但丁氏家族仍然以人丁兴旺、才俊辈出一直被视为当地的望族。战后，二十二世丁瑞彬曾任第一届鹿港镇长、台湾省首任参议员。丁氏后人丁守真念支派颇盛，繁衍日多，遂据家藏谱本，搜集资料，于 1997 年重修《丁协源家谱》一部，以使后人知其本源、追怀祖德、联络族谊。

《丁协源家谱》之《丁协源家世渊源》记载，当台湾遇到祸乱时，丁氏家族则以大陆祖家作为依靠的后盾："1895年清朝败给日本，而割让台湾。不久日军到台，吾族几全回祖籍泉州陈埭，越年鹿港又为战地，旧居协源贰栋罹灾于兵燹殆灭，新第协源叁栋亦被日军占据……"直至台湾抗日事弭，丁氏一族方重往鹿港，"一宗族致力复建旧居，收回新第，一堂兄弟叔侄得以团圆"。

自20世纪50年代以来，海峡两岸长久隔离，两边的族人都思念不置。1987年，陈埭江头进士第的丁秀治随夫移居澳门，她决定到台湾寻找族亲。由于断绝往来半个世纪，既无住址，又无名字，到哪里去寻找？丁秀治向自己的胞弟丁文顶求助。丁文顶找出《晋邑江头竖旗柱丁氏义亭公派下家谱》，寻找到一些线索，提供给姐姐。丁秀治先到台北，找到台北市晋江同乡会，通过会所联系到陈埭去台湾的族人丁维禧先生，在他帮助下找到了族亲丁守真的联络电话，约定了会面的时间。随即，丁守真先生带来了堂叔丁玉熙和堂弟丁俊民。他们住在鹿港，还是当地的文化名人。"我终于找到海峡对面的族亲了！"在第一时间，丁秀治就打电话向弟弟丁文顶报告这一喜讯。接着，台湾的族亲丁守真、丁玉熙、丁仲翘、丁俊民、丁世昌先后多次往陈埭江头探亲谒祖，在大陆投资做生意。台湾鹿港的宗亲还带来《丁协源家谱》，和陈埭江头的《晋邑江头竖旗柱丁氏义亭公派下家谱》合编在一起，使海峡两岸的亲缘纽带更加紧密。1997年、2009年，丁文顶先生两度到台湾鹿港，拜会族亲，并祭拜在台湾的祖墓。

据《丁协源家谱》记载，原二十一世丁宝光（寿泉子）于清光绪二十九年（1903年）在大陆因病逝世，葬陈埭江头。后裔迁居台湾后，清明佳节祭扫不便，一直由大陆堂亲看管扫墓。至1993年，方拾骸带回台湾安埋奉祀。

台湾鹿港的丁家进士第（又称"丁家大宅"）经"9·21"地震后，当地政府拨巨资修葺，于2005年落成，列为彰化县定古迹，现在已成为鹿港古镇一处观光旅游景点。

清光绪年间建于陈埭江头的进士第因年久颓废，2010年由丁文顶先生发动海内外族人，集资翻建，美轮美奂，富丽堂皇，其丁家旅港、旅菲的族裔和台湾鹿港的族裔都发来贺电或亲临庆贺，为昔日光辉重见祖居而欢欣鼓舞。

2010 年,《过台湾》电视拍摄组来到陈埭,丁文顶先生还向记者出示家里收藏的两份清光绪年间的阄书,表明当时海峡两岸竖旗柱族人是“并居合食”共同创业的一家人。

据统计,台湾现在有丁姓 3 万多人,其中从晋江陈埭移居台湾的丁氏后裔有 2 万多,主要聚居在云林、彰化、嘉义和台北等县市。1980 年台北市丁氏宗亲会据清道光年间带去的手抄谱本,重印《陈埭丁氏族谱》(聚书堂本)分赠族人。原国民党晋江县县长、陆军上校丁维禧撰《重印陈江丁氏族谱缘起》一文,说丁氏一族“迁徙流居海内外各地者,约占半数,其子弟均生长在外,家世渊源,所知无几,不识乡土,不知祖宗庐墓,询及历史沿革,尤属茫然,遑述宗族源流。长此以往,其不数典忘祖者几希。言念及此,愁然忧之”。遂重印族谱,“以广流传,用诸教化子弟,启发孝思,使知慎终追远,尊祖敬宗”。其思根念祖之情,跃然纸上。

● 台湾堂亲在晋江市陈埭镇江头村祖宅合影

●《晋邑江头竖旗柱丁氏义亭公派下家谱牒》与《丁协源家谱》

陈埭丁姓于1979年被确认为回族。1985年开始在丁氏宗祠两庑布置陈埭回族史馆。丁氏宗祠作为福建省历史最长、规模最大、保存最完整的回族祠堂，不仅是丁氏回民祭祀祖先之所，又保存着丰富的研究泉州海外交通、民族融合的历史资料和实物，因而日益为海内外瞩目。海峡两岸通往以来，已有多批台湾丁氏宗亲前来谒祖访问。作为回汉民族团结象征的陈埭丁氏宗祠，而今又成为联系海峡两岸丁氏族人亲情的精神纽带。

（粘良图/撰）

台北也有个潘湖

> 晋江池店潘湖较早渡台者在台北艋舺开发了一个渡头，称“潘湖渡头”。

● 晋江市池店镇潘湖村路碑

潘湖村在池店镇南部，泉州经济技术开发区之南，距泉州市区约7公里，距晋江市区约5公里，是晋江最早的古村落之一，建村历史已有1400多年。时在隋末唐初，江西鄱阳县欧阳伯善迁入肇基，历唐、宋、元、明，居住此地700余年。唐代即孕育闽南首位进士欧阳詹。明洪武二年(1369年)，始因各种原因所迫，由潘湖析迁四方。元代初期，莆田名族之后黄权，字本经，行千三，卜居于晋江县南关外三十五都登瀛里鄱湖乡，自是堂构聿新，桂兰辈出，为开基鄱湖之始祖。

黄权开基潘湖后，历690余年，其族裔众多，且分衍各地。晋江有青阳霞浯，陈埭奄上，池店茂厝、旧铺，淄石黄后、大州，紫帽洋店；石狮有宝盖仑后，永宁梅林、港边，市区林边、曾坑、西墩等；丰泽区有东海石头街欧厝、美山、后坑、圣殿(中西)、锦美、坂头等；南安有洪濑镇区隘门头、董埔、仑苍园美霞浯村、金淘毓南凤头崎等。还有传衍福建永春、厦门、莆田、同安，江苏南京，浙江青田、温州，广东潮州、揭阳等处。而衍传台湾者更众，潘湖较早渡台者为长房宣毅十五世孙黄进子，长光渊，次光长。兄弟俩入台后与随后而来的宗亲在台北艋舺(今台北万华龙山寺后)开发了一个渡头，称“潘湖渡头”。而后迁台宗亲日众，成为艋舺望族。另有资料显示，十六世黄姜生携子黄昭禄于清道光年间往台湾艋舺，而后发家致富，与同来自祖地晋江潘湖的宗亲掌控台北淡水河第一水门的渡头，外人遂称此渡头为“潘湖渡头”。

晋江潘湖黄氏族人迁徙台湾，以清乾隆、嘉庆时期最多。究其原因，首先是明末清初，祖地人稠地少，当时村南还是一个淤泥泽地，不能耕作，无法维持人口膨胀发展；其次是自然灾害，瘟疫频繁，促使族人大量迁徙台湾。而台湾地广人稀，在清中期经济、文化、教育崛起，也是吸引黄氏族人迁徙入台的原因。

根据现存族谱及老一辈人回忆，将晋江潘湖往台族人名录整理如下：

十四世：天浔、惠英。

十五世：买明、才官、谅英、会、高来、百、意。

十六世：巧春，钩、裕、标三兄弟，光渊，光长，绳花，姜生，顿，卢英，雕生，岱，绳罩，绳九，志达，海瑞。

十七世：论，锭，福，昭禄，昭心，昭盐，水缠，追，端，昭耕，节，昭如，赐，允楷，有，闽郎，文临，昭禄，昭满，空，铳，昭裕，安生，文庆、文远、文桃、文怨、文临、文定六兄弟。

十八世：英元、天赐、德成、山水、玉麟、玉麒、道生七兄弟，鸳鸯、光勤、草□三兄弟，淑英，金铉，昌英，远良，穆驾，穆花，胡，穆令，诠，穆武，励生，金铉，金鼎，穆痛，穆如，梅生，还郎，穆瑞，穆汤，穆甲，穆涂。

十九世：永□、勤□、体山、进炒、进闩、进轻、进诠、晋发、进梅、达、拼英、丛生、先奔、进飞、进光、奄扁、黄进籧。

二十世：仰高、光包、光听、光劳、朝萤、鸿禧、朝关、水清、朝赐、仰高。

以上族谱记载往台者全为晋江潘湖黄氏三世长房宣毅派下，尚有许多房派由于族谱毁失而不得而知。据老一辈人口传：三世二房(又称“井头房”)讳禄号凤泉派下子孙往台数量不少，今晋江潘湖已无该房子孙。三世五房(又称“后壁房”)讳英号世芳往台子孙众多，今晋江潘湖该房只剩几十人。该房十三世祖讳天桐字孙琴，娶妻庄氏、张氏，其内侄庄文进为台湾进士，内表弟解元张克绥曾为台湾县学司训，这或许是其迁台者多的缘故。而据该房族人称，他们家族大部分迁居台湾，先辈黄穆坦与子进太是回祖地晋江潘湖管理承继家族在潘湖的产业。台湾悦智全球顾问公司董事长、财团法人交大思源基金会董事长、交通大学 EMBA 教授黄河明的曾祖父黄海瑞，据称为清光绪年间自晋江潘湖迁居艋舺。近年经常来晋江潘湖探访宗亲的黄增奇，出示所藏族谱，记载其十七世祖安生公，自晋江潘湖往台。这两人带着迁台先祖的名讳要与晋江潘湖的世系衔接，但由于晋江潘湖大部分房柱族谱失落或不完整，导致无法查考。

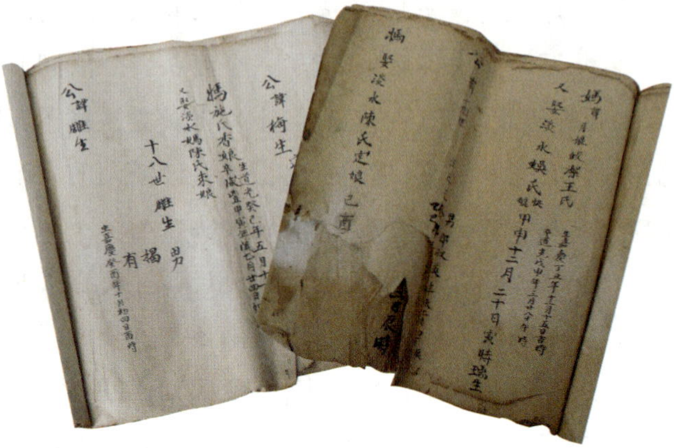

● 潘湖黄氏族谱

从现存资料看，晋江潘湖黄氏迁徙台湾大部分居住在台北地区的淡水、艋舺，只有十五世黄意居住在台湾承天府(今台南市)。当时迁台者大部分都是迫于生计而迁徙，亦有些人往台读书，如十四世黄天浔，字世津，号任重，榜名杨弘仁，邑庠生，以易经补台湾凤山县学；石头街美山十六世黄振德，十七世黄高

翔，二十世朝楷、朝梅为彰化庠生。迁居台湾的族人，以房分统计，九世欧湖公派下（小宗房）最多，达 38 人；廿四间房有 22 人；二房五世侃斋公派下有 18 人；九世廷官公派下（东库房）6 人；六世信宗派下（宫头房）有 5 人；六世循休四子伟郎派下 1 人；田洋四房 2 人；十三世庭芳公派下 2 人；九世平湖公派下（墙围房）17 人。

晋江潘湖黄氏迁台族人沿用祖地的雅称，称“金湖黄氏”，灯号则书“金湖衍派”。使用的昭穆与祖地相同，自二世起为：希颜孟伯于，汝际国尔甫；宗孙世克绳，昭穆进朝廷；孝友光先业，文章式典型；卿相扬祖武，叔仲衍基生；念若贤嗣远，尚书（书一作斯）允敬承……

开拓台湾的先驱者，白手起家，苦心经营，在他们开拓出的曲折的道路上洒满艰辛的血汗。他们既对新家园的开垦与发展作出了贡献，又在经商、贸易、科举上取得非凡的成就。

黄朝阳，名世桂，号三桂，俗呼“三桂官”，潘湖十四世，世居艋舺大厝口。兄弟四人，皆神采卓然，豪率有志气。朝阳及兄弟均善操持，富甲一方。清乾隆五十一年（1786 年）冬，林爽文事变，淡水林小文举众响应，夺仓库，占厅治。朝阳不忍见地方糜烂，振臂大呼：“好男儿当从我杀贼。”一时和声而起者数千人。壮者执刀矛，老弱运甓石，并集守城。朝阳骁勇善战，所部皆敢死之士，几番血战终击败林小文。十月，大学士嘉勇侯福康安统兵至鹿港，朝阳谒于行辕，陈剿贼十策，并献军费，乃上其功，特旨赐黄马褂，赏五品顶戴。朝阳兄世恭，亦多德

晋江市池店镇潘湖村今日风貌

行，曾捐赀献地，建妈祖宫。遇有荒歉，开仓平粜，饥者以济。《台北市志》有传。

黄昭禄(1820—1866年)，一名禄，号万钟，乳名阿禄，潘湖十七世。由奉政大夫累封正二品资政大夫，其家族经营有万顺料馆，砍伐樟树制成樟脑，贸易海外，富甲一方。将旧宅捐作启天宫，新宅捐作为台北黄氏大宗祠。又捐资建淡水龙山寺等。黄昭禄在艋舺一带名气甚大，族亲如欲往台，一切船资费用等悉由其支付。台湾台北万华的黄氏大宗祠(种德堂)沿革志中载其献屋之事：

> 吾族大宗祠，址在台北市广州街二六五巷三号(前称"艋舺料馆口")，建自前清道光年间，历今百余年。初为族人先辈禄之私厦，因咸丰年间，洋人觊觎该厦附近土地建设洋行，惹动居民公愤，然以地属宗庙，庙内崇祀历代忠孝廉节世祖，以及北部县市黄族始祖，而洋人蔑视中国礼教，致闹出纠纷。时幸有淡艋绅董阿兰者，笃于亲谊，出为排解，终告宁息。因此禄遂念祖德之遗荫，毅然慷慨将该大厦正屋及土地捐献，竖立"种德堂"及"黄氏家庙"匾额两方，实行供奉始祖及忠孝廉节，以次之神主牌位八尊，并同意禄之直系三代尊亲神主三位附祀，以酬其献纳之诚焉。

● 台北黄氏大宗祠——种德堂

惜黄昭禄英年早逝，享年仅四十七。晋江潘湖鄱湖宗祠尚挂有其“奉政大夫累封资政大夫”匾。他先后娶三房妻室，大房庄斗娘、二房林对娘俱台湾人，三房吴氏在丈夫逝世后，接掌家业，哺育七子，因经营有方而成巨富，且乐善好施，艋舺一带流传至今的民谚中，有“第一好张德宝，第二好黄阿禄嫂，第三好马俏哥”之说。黄昭禄、黄阿禄嫂，《台北市志》有传。台湾作家林满秋的《台湾心·女人》介绍了台湾历史上20位杰出的女性，黄阿禄嫂名列其中。

● 晋江市池店镇潘湖村鄱湖宗祠内的涉台匾额

黄进清，字镜青，号涵轩，潘湖十九世，墙围房人，清咸丰初(1851—1855年)随父渡台。进清气质刚健，寡言慎行，及冠，承父业，设肆艋舺大厝口。以硫黄、锭菁销售北洋诸埠，岁获数十万，遂成巨富。于是仗义疏财，时有善举，诰授奉直大夫。好读书，喜与士君子游，与会所至，亦能操笔赋古今体诗，不逊宿儒。《台北市志》有传。

黄朝桂(1851—1916年)，字丹五，号应麟。进清子。淡泊守礼，慨然有志，家素殷，不以此骄人。某岁大歉，独输白米4000斤赈济，沐其德者甚众。清光绪中，上府试不遇，循例捐五品同知自娱。割台后，日人征为艋舺区长，嗣改任艋舺街长。温和正端，接人诚恳。民间疾苦，都能陈之当事。生平颇以诗名，瀛社开创，邀为社友，所作不失雅隽。子五人，廷献、廷钟劭其业。《台北市志》有传。

晋江池店潘湖村自来有一座歇马庙，祀当境“田都元帅”，并祀有“四使爷”与“狗(金)舍爷”。清代潘湖黄氏族人迁徙开垦台湾，将“四舍爷”分灵在台北艋舺，建有一座三清宫，又称“四使爷庙”，主神称“金湖四使爷”，以作奉祀，祈求在新的家乡，也能得到祖地神灵的庇佑。该宫建于清道光二十六年(1846年)，原址在台北市万华区华西街16巷5号，后移至万华区环河南路二段5号。每年农历二月初一日是“四使爷”诞辰。宫中附祀有“萧府王爷”“刑府王爷”“温府王爷”“田都元帅”“三奶夫人”“阴阳司”等。三清宫是艋舺最古老的庙宇之一。

● 晋江市池店镇潘湖村鄱湖宗祠

潘湖黄氏族人到台湾后,始终与祖地保持着密切的联系。十七世黄昭禄、十九世黄进清,在台湾获得朝廷授予恩荣后,特地把代表荣耀的“资政大夫”“奉政大夫”匾挂在祖地宗祠内。清同治乙丑年(1865 年),祖地宗祠重修,分居台湾的宗亲也踊跃捐资,并从台湾带来一张楠木案桌和一张八仙桌,摆在宗祠内,惜 1949 年后毁没。清光绪年间,潘湖后壁房黄穆坦受族人委托,专程到艋舺探访宗亲,受到族亲的盛情接待,聚居在艋舺的族亲还特地赠送给他一根扁担和一只箱子及香蕉、菠萝等台湾特产,

● 晋江市池店镇潘湖村歇马庙匾额及“四使爷”神像

让他带给祖地宗亲品尝。至今事过近百年，此扁担及箱子仍由黄穆坦的孙子黄朝臭保存着。1945 年潘湖村黄进树、黄水抽，1946 年黄维祺、黄陈章等 4 人又到台湾探访宗亲。黄进树、黄水抽当时住在台北龙山寺边的黄奄扁家中，受到宗亲热情的招待。

由于历史原因，两岸潘湖宗亲隔绝近 40 年。1987 年春，台湾出生的黄玉火，取道日本，辗转前来寻根。据其父生前告诉他，他们的祖地是泉州南门外金湖乡，乡中有一座歇马庙，庙中供奉有“四使爷”，其红面立身右脚踢前之状与分灵台湾的一模一样。他一边对着神像顶礼膜拜，一边激动地说：“生父的愿望终于实现了。”黄玉火先生受到潘湖父老乡亲的热烈欢迎，回台湾后，他把寻到祖里的喜讯告诉台湾的乡亲。黄玉火随后捐建了潘湖小学教学楼、围墙，后来又捐资在操场的

● 台北万华三清宫

● 黄鸿源（左一）等拜访台北江夏黄氏大宗祠——种德堂

● 2014 年，晋江市池店镇潘湖黄氏宗亲到台北拜访宗亲

● 台湾宗亲黄增奇等回祖地潘湖拜祖

● 晋江市池店镇潘湖小学

西侧建起了4间砖混结构的教室。越年，台胞黄鸿涛、黄鸿钰、黄鸿福三兄弟携眷属17人来到潘湖。随后，黄廷顺、黄江林、黄春生、黄河东、黄启木也相继回祖地寻根探亲，断了40多年的血缘之桥终于接通了。2014年9月28日，笔者与晋江市人民政府原副市长颜子鸿、晋江市博物馆馆长吴金鹏等拜访台北江夏黄氏大宗祠——种德堂，笔者与台湾宗亲黄胜雄、黄增奇等交流两地家族情况。2014年10月9日，晋江潘湖宗亲黄远景、黄水连、黄福生、黄泽群4人专门到万华拜访宗亲，受到台湾宗亲黄增奇、黄胜雄等的热情接待。2016年6月11日，台北潘湖渡头的宗亲黄增奇、沈凤姣夫妻等再次来晋江潘湖拜祖。2018年6月13日，台北宗亲黄胜雄到莆田做生意，顺路来晋江潘湖拜访宗亲。2018年12月13日，台北黄氏宗亲在黄胜雄宗长的带领下，一行16人再次来到晋江潘湖。宗亲中许多人都是第一次来晋江潘湖，看到祖地宏伟高大的祠堂以及聚族数千人的宗亲，非常激动。双方互询两地宗亲的现况，一致认为两地宗亲应该互相多走动、多交流，让两地宗亲感情更深切。晋江潘湖宗亲年轻一辈也准备组团拜访台湾宗亲。

（黄鸿源/撰）

两地林口同名同根

台湾新北市林口乡林口里与晋江市灵源街道林口社区同名，两地不约而同地取“密林入口”之意作为地名的标志。

地名承载了一个地方的历史、记忆与感情，是生活在那个地方的人集体记忆的一部分。地名既具有空间的意义，还具有丰富的文化信息和特别的历史记忆。有的地名说明了命名之时的地形、方位，比如南塘；有的地名是为了纪念某个与本地密切相关的历史人物，比如陈埭；有的地名与某个重要地点、重要事件有关，比如罗山（罗裳山）、御辇（下辇）；有的地名说明了当地的特色产业，比如磁灶、深沪、内坑（梨坑）；有的地名则代表了人们对美好向往的追求，比如永和。闽台两地由于深厚的历史渊源，存在不少同名的地方，台湾新北市林口乡的林口里与祖国大陆晋江市灵源街道林口社区同名，两地不约而同地取“密林入口”之意作为地名的标志，既反映了两地地理地形相类似，也说明了同样朴素的命名习惯，同时寄托了部分移垦台湾的林口人心系大陆故土、饮水不忘思源的家乡情怀。

晋江市灵源街道林口社区

林口社区位于晋江市中部，北接苏内社区，南临五里工业园区，东依张前社区，西靠曾林社区，所在位置正处在古代泉州城南通往安海、同安的重要通道上，泉安南路从社区穿梭而过。社区紧挨着华表山，前埈溪和后面溪分别在村南北两个方位潺潺流过，一座小型水库坐落在西边的华表山脚间。因此，林木和水流资源相对丰富，山地与农地面积大约各半，植被以常绿阔叶林为主，作物生产以花生、大豆、地瓜为主。社区辖区面积约 5 平方公里，现常住人口近 7000 人，其中柯姓占 98%以上，堂号为“瑞鹊传芳”，其裔分衍到中国台湾、香港、澳门地区及菲律宾等国家。

林口，曾名“华林”“紫华”“宫兜”，据说因为该村坐落在华表山南麓茂密林木之边口而得名，是典型的采用自然形势而命名的方式。从林口北面的苏内在民间俗呼“山内”，西面的张前古名又叫“林内”来看，这片地区确曾山林茂密、翠竹丛生。而较少为人所知的“宫兜”这个地名，来自晋江南塘有源堂《济阳柯氏宗谱》记载：南塘柯氏三世念六致政析居宫兜。宫兜，即宫庙之兜，意指这里形如网兜，坐拥着一座宫庙。

华林柯氏出自晋邑南塘柯氏三世念六致政公。南塘柯氏衍自泉州元妙观水沟巷，自古人才辈出，蕃支流远，是泉蒲柯氏的重要一支。南塘柯氏开基祖塘边叟公大约在南宋高宗绍兴末叶至孝宗乾道年间(1153—1173 年)，自泉州府

晋江市华表山

● 晋江市紫林寺

城东街天庆观(今元妙观)西边的水沟巷徙居晋江县南山之麓池塘边,并取地名叫“南塘”。塘边叟生山翁,山翁生念五致政、念六致政、念七致政三子,其中念七致政留居南塘(又分衍出晋邑的塘市下仓派、上郭新舍派、柯仓西舍派),念五致政析居下廊,念六致政迁居宫兜。经过 800 多年生息繁衍,林口现有大小角落共 19 支。华林柯氏自十三世起,遵用南塘柯氏的昭穆字行次序,外云:懋昭懿则,仪表千世,孝子贤孙,遵法秉礼,绍闻衣德,家声克济;内云:国士汉文,式正来兹,念祖勤修,尚维显思,丕承先烈,扬名缵绪。现在在世的子孙跨“仪、表、千、世、孝、子、贤、孙、遵”等字行。

● 晋江市灵源街道林口社区微景观

查《晋江行政区域演变稽略》，林口在宋元时期辖于开建乡仁孝里，明清时期隶属晋江县城外第五都。民国三十一年(1942 年) 隶属于灵源乡华林保，民国三十三年(1944 年)改属康乐乡马坪乡的紫华保。1951 年隶属于晋江县七区，1952 年改隶晋江县十一区，1955 年改隶晋江县英墩区，1956 年改隶晋江县栖梧区，1959 年改隶晋江县可慕区。1977 年改为罗山公社林口大队，1984 年改为罗山乡林口村委会。2003 年 11 月划归灵源街道并撤村改为社区，成为灵源街道的所在地。

● 晋江市灵源街道林口社区祈安堂

位于华表山脉石刀山山峰处的紫竹寺是林口社区最重要的历史古迹。据传，该寺始建于隋代，初为茅庵。唐时，因其地道路崎岖、山高人稀，遂于半山择地重建。明洪武年间，仍迁至今址。寺庙奉祀观音菩萨，现存有唐石炉、明宣德

● 晋江市灵源街道林口社区柯氏宗祠

铜佛像、印度白玉佛等，内植松竹，为晋江市级文物保护单位。紫竹寺旁新建有紫林寺，半山处还有圆觉寺，均香火不断。

林口社区中心的普庵庙又叫“祈安堂”，主祀“普庵祖师”“释迦佛祖”和“虎相公”，左祀“城隍公忠佑侯”，右祀“注生夫人妈”，是社区居民祈福消灾、保境护生的神道信仰中心。普庵庙分灵自德化县美湖乡龙湖寺，又随着林口人的足迹分灵到台湾新北市的林口。庙前广场搭盖顶棚，铺设塑胶，辟为年轻人打球用的华林球场，华林球场左旁保留着一口宫口潭。与普庵庙相望的另一侧矗立着周边的最高建筑——老人活动中心，戏台就设址在老人活动中心一楼的抬高大厅里。每遇各尊神佛的佛生日必搬请地方戏剧团来演戏，特别是农历十一月二十六普庵禅师佛诞日，更是连演5天酬神。平常的日子里，戏台大厅则搬出成套桌椅，专供社区老人打牌、喝茶用。老人活动中心不远处是社区最热闹的菜市场，柯氏宗祠和两所社区卫生服务站错落其间。可见，以普庵庙、华林球场、老人活动中心、柯氏宗祠为中心的活动地带，构成了集合祭祀、休闲、议事功能于一体的传统社区公共空间，居民口头上亲切地称这里为“大宫口”。而菜市场和卫生服务站又以满足日常生鲜饮食、卫生服务保障的生活需求，加强了这一地带最活跃最重要的公共活动中心地位。

林口柯氏宗祠落成于明天启七年(1627年)，初建规格为二进三开间。清光绪二年(1876年)重修，历137年后，又于2013年重新翻建。翻建后的柯氏宗祠保持二进三开间的闽南传统建筑风格，大门悬挂“南塘衍派”红锦幛，旁刻楹联，门楣、梁柱、屋脊等极尽雕饰。祠堂建筑面积274.54平方米，连同前面的大石埕，整体占地面积达1224.54平方米。

林口洪氏节孝坊位于泉安南路东侧约十几米处的华林南路上，清乾隆二十八年(1763年)立。查《晋江县志》卷十二“古迹志”：“天朝褒锡恩褒节孝坊，为柯士鳌妻洪氏立，在五都华表山麓。”节孝坊为牌楼式石构建筑，四柱、三间，面阔5.5米，高5.5米，顶部有辉绿岩“圣旨”匾额，上枋额刻“天朝奖锡”和“恩褒节孝”，旁刻立坊官员姓名。下枋额刻“旌表晋江县儒士柯士鳌妻洪氏坊”。下横枋雕龙首、双凤，匾盖上置鱼、狮青石雕各一对。据村里人介绍，洪氏新婚不久就守寡，丈夫留有一遗腹子。她一个人挑起生活的重担，照顾孩子和婆婆。后来，洪氏的儿子柯元烺入太学读书，向皇帝奏明母亲洪氏的功劳。乾隆皇帝为了表彰洪氏，特许建立这座牌坊。2007 年 6 月，被晋江市人民政府公布为第四批市级文物保护单位。

新北市林口区林口里

新北市于 2010 年在原来台北县的基础上改建设立而来，也是台湾地区最北端、规模最大的城市。林口区是新北市下辖的 29 个区之一，下辖有林口、东林、西林、菁湖、中湖、湖北、湖南等 17 个里。林口区境内有林口溪、嘉宝溪、宝斗溪、瑞树坑溪、后坑溪等溪流，多条县道贯穿而过，北通八里(八里坌的雅称)，东达五股，南连龟山等地。

据《晋邑华林分支引后埔顶房柯氏房谱》记载，早在清初康熙年间，晋江林口十二世柯玉侯开基台湾林口。其子孙自此定居台湾，开发了台北县的林口村。清乾隆三十八年(1773 年)，该派子孙专程回祖家将神主请往台湾奉祀，并抄去柯氏昭穆以明辈序。而根据晋江林口社区在《华林柯氏续修谱》(清光绪六年即1880 年，华林柯氏二十世柯汝崇续修)基础上编撰而成的《林口柯氏迁台

台湾林口区林口里竹林山观音寺

华林柯氏族谱

祖考录》,华林三甲分柯氏最早在明末至清乾隆初期就有柯提仔、柯完仔等人往台湾,其中“懋墀:提叔承继男,乾隆初往台湾台北县林口村居住”,“懋觉:宜勉之次子,生乾隆戊寅年,后往台湾台北县林口村居住”,“探,锡质之子,生乾隆戊辰年,往台湾台北林口村居住”。可见,华林柯氏自清初开始陆续迁台,是较早进入台湾林口居住的汉人,两岸林口可谓地同名、人同根。

林口原为北部八里坌社的平埔人部落所居,因地处北上八里坌的交通要冲,曾一度作为商贾行旅往返休息之地而繁荣起来。林口旧名“树林口”“坪顶”,因为处于进入台北林地之入口处而得名“树林口”,这与晋江市灵源街道林口社区的命名理由相一致。1920 年,由于日本殖民统治时期,全省 100 多处 3 个字的地名统一简化为 2 个字,“树林口”也改为“林口”。

施琅收复台湾后,清政府开始发放垦殖台湾的“垦照”,闽粤人再次掀起迁台高潮,并沿着由南到北、由沿海平原到内陆山区逐步拓展的路线挺进。清朝初期,开始有福建人由南部移垦到林口北部的海岸平原,清乾隆年间开始成规模地进入林口台地拓垦,其中特别以泉州三邑人(晋江、南安、惠安)居多。较早来林口垦殖的是泉州人张伯宋、林文进,他们首先来到树林口的后湖地一带长期定点垦殖,随后又召集近血缘、同地缘的乡人同来,并逐步拓展至周围未垦之地。清乾隆五年(1740年),林口地区已经出现了汉人聚落大湾庄(即现在的大、小南湾,湾取周边地势高、前端河谷视野开阔之意)。1760年,又进一步分化出大南湾、小南湾、大牛稠庄(今日的南势村一带)等汉人聚落。菁埔、大坪岭(顶)、南势埔、漳州寮、田仔尾、瑞树坑等都是汉人到来后出现的聚居地名。

林口是个典型的杂姓移居聚落,清道光十四年至二十年间(1834—1840年)闽粤人曾发生械斗,此后粤人败退至桃园,林口一带逐渐为福建人所占据。

从行政区划变迁来看,林口地区在台湾初设府之时隶属诸罗县;清末光绪二十年(1894年),隶属淡水厅八里坌堡。被日本割据50年期间,1897—1898年改隶台北县树林口办务署(八里坌堡);1899年隶属沪尾办务署;1902年废县为厅,改属台北厅沪尾支厅;1909年,支厅下增设区署,林口西南部的东林、菁湖、湖南三村改隶台北厅新庄支厅树林口区,东北部隶属沪尾支厅大南湾区;1920年,废县为州,旋改为台北州新庄郡林口庄。光复后,1945年改为台北县新庄区林口乡。1950年,国民党主政台湾,决定撤废区署一级,旋改为台北县林口乡,乡公所设在林口村。1969年,为纾解和分流台北大都会的人口,特地在林口规划建设新市镇,使之成为集中各种社会服务设施于一地的多功能的区域副中心。2010年12月,随着台北县改为新北市,林口乡也改制为林口区,原来乡所属的村都统一改称为里。

林口里是林口区的行政所在地,也是教育、休闲和商业聚集区。初垦时期,这里的主要物产有茶叶、竹笋、水稻、菁等,尤其茶叶和菁是当地特产。菁是一种制作蓝色染料的植物,也是台湾的重要出口作物之一。旧时,林口、东林、西林、湖北、菁湖各里所在地统称为“菁埔”,因为往昔这里原始生长有大量的菁,也是开发得比较早的地方。后来又广辟茶园,大量生产龙寿茶,1929年就设立了茶叶传习所,很早就开始专业培训茶叶栽种和制茶技能知识。20世纪60年代、70年代起台湾经济起飞,休闲服务需求高涨,林口利用平坦的台地和蜿蜒的丘陵、河谷地形特色,开辟建设高尔夫球场,设立了青少年高尔夫球培训中心。1915年创设的新庄山脚公学校菁埔分校(现在的林口小学),是林口区最早设立的新式教育学校。至今,这里还集中了台湾师范大学林口校区、醒吾技术学院、醒吾高级中学、林口启智学校等文教机构。

林口竹林山观音寺又称“林口庙”,主祀十八手观世音菩萨,清嘉庆六年(1801 年)由泉州三邑人(晋江、南安、惠安)自台北艋舺龙山寺(分灵自晋江安海龙山寺)奉请,也是台湾北部地区影响广泛的龙山寺之一。竹林山观音寺初为简陋寺庙,由大坪顶“十八坪位”(即菁埔、太平岭、大湖、树林口、南势埔、牛角坡、坑子外、下福、顶福、南崁顶、旧路、瑞树坑、枫树坑、下湖、大桧溪、坑子、大南湾、内厝等 18 个角头)轮值祭祀。1939 年,经过王金生(本名王传生,字丽川,祖籍晋江,1925 年成立龙泉茶叶公司,成为当地有名的士绅)、许文矮、黄永茂,以及来自台北万华(即艋舺)的吴水等人筹备正式建庙。为了与艋舺龙山寺相区分,寺庙因为信众以桃园芦竹庄、林口庄、龟山庄为主之故,取名为“竹林山寺”。因寺庙初建正值日本殖民台湾时期,其建筑为日本式寺庙风格。1946—1949 年改建为闽南式寺庙建筑风格,2000—2012 年又拆除重建。竹林山观音寺是当地民众的信仰中心,也是台湾北部三大著名唱戏地点之一,特别是每年农历九月十九日观音圣诞异常热闹。近年来还经常组团赴晋江安海龙山寺祖庭朝圣。

林口至今保留着当地最早的商业市街——林口老街。林口老街旧称“树林口街”“林口店仔街”,又称“半路店”“林口旧街”,就在原来的菁埔旧地。街道最早开通于 1931 年,整体呈 Y 字形,贯穿林口、东林、西林、湖北、菁湖各里。街屋以红砖贴面为主,街上商店林立,街头和街尾有东福宫、西福宫 2 座土地公庙,是当地的重要商业活动区。2004 年,林口老街修整,更名为“林口中正艺术商街”,与周边的醒吾技术学院、台湾师范大学林口校区融为一体,形成林口热闹的特色小商圈。

(李双幼/撰)

一脉相连说埔头

鹿港埔头街是台湾第一个评定古迹保存区的古市街，即是清中后期渡台晋江龙湖埔头乡民聚集经营地，并兴建而成的。

晋江市龙湖镇埔头村，位于龙湖镇政府驻地东北约3公里，东北与杆柄接壤，西南与鲁东相连，东临深沪湾。东面毗邻沿海大通道和龙(湖)永(宁)公路，位于沿海大通道衙口—永宁路段的中间。辖3个自然村，分别为埔头、林埔内、瑶林自然村。村庄历史悠久，古称“埠头”，濒临深沪湾鲁东澳，位于永宁卫城与福全所城的驿道中，商贾辐辏，是一个名副其实的埠市渡头。整个乡里以施氏居民为最，属晋江“钱江施氏”派系。其素有开拓进取、外出从商的传统，现旅居

● 晋江市龙湖镇埔头村综合楼

● 台湾鹿港埔头街

我国台港澳地区、东南亚乃至世界各地者数以千计。

明代后期与清季初期，随着永宁城被倭寇所陷和福全城因“迁界”而废，埠头的地位及影响日下，终而演绎成以农耕为主的山埔地头，是谓“埔头”，并沿称至今。

鹿港原名“鹿仔港”，隶属台湾彰化县。其区位优越，交通便捷，物产丰富。台湾有所谓“一府(台南)、二鹿(鹿港)、三艋舺(台北万华)”的说法，“二鹿”指的就是鹿港。鹿港在清朝时期和大陆的渊源就很深，清康熙二十二年(1683 年)，施琅平定台湾，统一祖国，清廷因功封其“靖海侯”，并赐有在台大片“勋业地”。鹿港这里因有大片的施琅“勋业地”，遂形成施氏族群最大的聚居地。清乾隆四十九年(1784 年)，和晋江蚶江(今属石狮市)对渡直航之后，贸易更为繁荣，鹿港鼎盛时，曾是台湾的第

● 台湾鹿港埔头老街德润堂

二大城镇。

历史上,大陆移民横渡风急浪高的台湾海峡,前往宝岛台湾,“筚路蓝缕,以启山林”。他们将新辟的居住地作为第二家乡,习惯上冠以大陆故乡的地名,以慰莼鲈之思、念祖之情,亦用以告诉后代的本源。在台湾,他们不仅带去了大陆家乡的地名,还传承了大陆的风俗民情。

在鹿港毗邻天后宫的闹市,有一条名为“埔头街”的街道,是鹿港多处古街老巷较有名的老街之一。巷弄曲折蜿蜒,房子间间相连沿巷道聚集而成,充满闽南传统建筑的独特韵味。1986 年被台湾当局列为古迹保存区,是台湾第一个评定古迹保存区的古市街,即是由晋江埔头人所兴建。根据《钱江施氏家谱》等资料记载,埔头在清中后期的渡台乡民众多,其中不乏往返于海峡两岸做“台湾生意”的。以同乡同姓聚集在一条街上经营,自此遂有“埔头街”的名称。

鹿港埔头街始建于清代中叶,埔头老街的德润堂便是最早鹿港施姓家族贸易辖区。现在该街比较有代表性的居民当推施渠交家族。台湾相关文献表明:施渠交,字游中,号友方,列钱江施氏二十六世,祖籍晋江埔头,于清道光年间渡台从商,经营船务,与大陆往来频繁,名闻两岸,并在鹿港又娶台湾女陈粉为妻。根据《施氏家谱》记载:施渠交传衍 7 个儿子,其中 1 人居大陆,其余 6 人皆住鹿港。其居台四子施阁缠传衍施家安,继承祖业,年轻时在台创办“泉安号”商行,誉驰一方。

施家一脉在台开枝散叶,现人口逾千,仕学工商,多有建树,蔚成望族。时至今日,尚保留有祖厝等多处胜迹。数百年来,居台的施渠交子孙一直与故土晋江埔头村的亲属保持密切联系。新中国初成立后的一段时间,尽管海峡“冰封”,两岸关系较为紧张,但他们仍然通过间接的渠道保持联系,而往来不断。

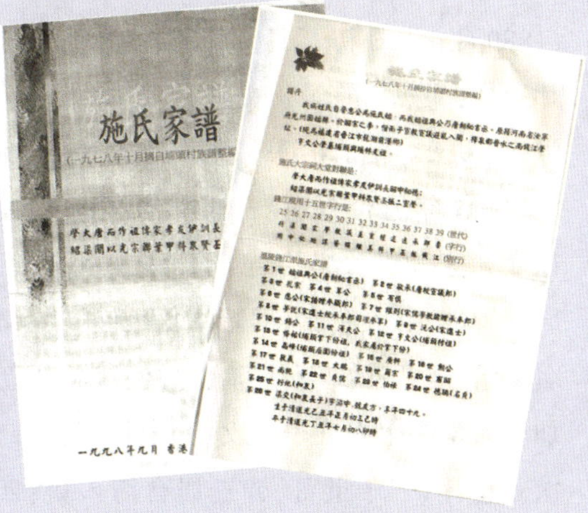

● 施学杭记录的家谱

● 晋江市龙湖镇埔头村施氏宗祠

● 埔头施氏族谱

香港施学杭于 1998 年所辑录的家谱资料表明：施家安，生于清光绪十五年(1889 年)十月初三日，卒于 1993 年二月廿四日，配卢氏欧娘，生有四男三女。长子学康，幼殇；次子学头，字石宁，住晋江埔头，1995 年返台入籍；三子学沓，字谋实，往菲律宾开设首饰店；四子学杭，字济川，居住香港。长女秋治，居晋江；次女聘治，又名企治，居晋江；三女莲治，又名甘治，居新加坡。学头生有五子三女，其中长子世雄、次子世泽、三子世贤，皆迁居台湾入籍；四子世超、五子世光留守晋江埔头。

● 晋江市龙湖镇埔头村瑶林路碑

● 晋江市龙湖镇石厦村隘门

在两岸关系极为紧张的二十世纪五六十年代，以及二十世纪七十年代初期，大陆施家只能辗转地通过居住新加坡的施甘治与台湾的亲人取得联系，互通两地音信。1978年又由居住香港的施学杭收集两地家谱资料，并编辑成《施氏家谱》一册，记录下本家族(施渠交家族)族人从大陆迁台，部分后裔回迁晋江祖地或往东南亚的传衍情况。

海峡破冰后，两岸的施家往来频繁，台湾的施渠交昆裔不时组团回乡祭祖，积极参与重修宗祠与祖坟。而居住在晋江的施世光等，则积极参加台胞联

● 台湾鹿港瑶林街

● 台湾瑶林街合德堂

谊会活动，增进两岸沟通交流，推动祖国和平统一大业的发展。

无独有偶，离鹿港埔头街不远，又有一条街道称为“瑶林街”。在大陆，瑶林是埔头行政村属下的一个自然村，与埔头毗邻，是埔头施氏三房的分支，百年前移居鹿港开发，也将原生地的地名一并“移植”而命名。瑶林街有座施氏兴建的合德堂，是鹿港早期的一处书香人家，闽南式砖瓦建筑。屋顶上建有格局独特的读书楼，小阁楼约有四坪大，特别的是阁楼没有建造楼梯，而是使用竹梯上下，希望让小孩在阁楼上读书能够心无旁骛，等到读毕之后才拿楼梯下楼。漫步鹿港街头，常见古大厝的匾额题刻“钱江衍派”“浔海衍派”或“临濮传芳”“渠阁传芳”等，此皆晋江钱江施氏与浔江施氏的堂号家声，彰显着两岸根脉相连。在鹿港市镇中心，还有一座堂皇大观的庙宇——真如殿，奉祀“玄天上帝”。该庙宇乃是从大陆分灵而来。在晋江的前港(钱江)有一座宋代古庙真如殿，誉为闽南四大名刹之一。主祀“玄天上帝”，作为一方当境保护神。如今的鹿港真如殿神祇，即是当年随钱江施氏移民渡海而去的。由此可见两岸法缘深远之一斑。

另外，在鹿港还有后宅、石厦等村落，皆与晋江龙湖的后宅和石厦等乡里同名并有关联。后宅、石厦两个村落同属钱江派系，邻近前港。纵观施氏族人迁台繁衍后沿用祖籍地名，用以寄托根脉情结的做法，究其初衷不外乎下面几种来由：一、彰显血缘、族缘关系，昭示后代子孙不忘“来时的路”；二、远涉重洋之后凝聚血缘亲情，彼此依托，互帮互助；三、随着民间自发的商业发展，用于表明行业聚居，或划分贸易辖区之命名。然而，不管出于上述何种或几种原因，众多同名村的存在流露出的是第一代赴台开拓者对大陆原乡念念不忘的初心。

(施若凡/撰)

两岸粘厝是一家

清乾隆末年，晋江龙湖粘厝埔乡人渡台，选择彰化福兴地区落脚安身，创立粘厝庄，又发展为顶粘村和厦粘村。

1978年2月5日，《参考消息》报转载台湾《青年战士报》“唐山过台湾”关于粘氏台湾宗亲返籍寻谱的故事，牵动了分布在泉州一带几个县市的粘氏族人思念隔着海峡的台湾宗亲的情怀。

海峡两岸粘厝村

泉州是满族粘氏的聚居地之一。粘姓在国内是一个稀姓，其源出自东北女真族(后改称“满族”)完颜氏。以金太祖完颜阿骨打的长侄、金国元帅宗翰为一世祖。作为金国贵族，自一世至八世，在《金史》《元史》中俱见记载。至八世祖博温察儿官河中知府，元末世乱，流寓江南，遂携家浮海抵泉州，居晋江永宁杨丹村。殁后葬于本山，乡人“以粘氏不载姓氏之传，又系元之衣冠故”，称为“蕃人墓”。该陵墓至今犹存，1989年由闽台粘氏族人修葺，得到各级文物管理部门的重视保护。

晋江市龙湖镇粘厝埔村民族文化中心内的完颜宗翰塑像

粘氏八世祖博温察儿生三子：子寿、子禄、子正。子正外出不知去处，子寿、子禄徙居浔美场(即今晋江市龙湖镇衙口村)建基。传裔分居泉城、粘厝埔、深沪、山柄、南安梧坑、石狮永宁等处。继而又传衍台湾以及马来西亚、新加坡等地。迄今已传承至三十二世,总计近2万人。十二世粘细移居泉城之后,尤注重培植书香。明代有粘灿、粘钟岳、粘钟岩、粘洪录、粘本盛科举得名;清代有粘克昇中进士,粘拱恩、粘拱斗、粘鼎玉、粘承钰、粘克黎、粘克昌、粘克恭、粘继仕、粘继任、粘心存、粘宗璞、粘宗琬、粘逢源、粘金榜等中举人。可谓人才辈出、簪缨相继,成为泉郡望族。地方上习惯称呼衙口粘氏聚居地为“粘厝”,称其家族集中经营的一小段街道为“粘厝街”,其后裔在龙湖镇西面经营的一片土地为“粘厝埔”,此地后来也成为粘氏聚居的村落,并以“粘厝埔”作为村名。

清康熙年间收复台湾,开放“海禁”后,福建沿海众多百姓东渡开拓,经营谋生。粘氏一族往台开发者亦颇令人瞩目。族谱记载,清初粘氏合族100余户,约500人左右,渡台族人达30余人(户)。特别是在清乾隆年间,粘氏二十二世“德”字辈渡台的竟达12人(户),几乎占族中人丁十分之一。其时往台垦殖者,披荆斩棘,筚路蓝缕,付出巨大的代价。仅在清乾隆年间,粘氏殁于台地的男女就达13人,而且都是二三十岁的青壮年。

不少粘氏族人发挥自身优势,为台湾文化事业做出贡献。如粘本盛子粘士

台湾粘氏宗亲会组团返乡寻根、祭拜八世祖粘公墓

晋江市龙湖镇衙口村丁王府

岳，清康熙三十九年(1699年)由闽清教谕调任台湾府诸罗县儒学教谕。清康熙年间，梧坑粘天猛才学出众，尤擅书法，因在内地郁郁不得志，独赴台府，“泮第一，科试复第一，廪庠中推翘望”。后在台设帐施教，生徒多至学舍不能容纳，经指授先后考中秀才者甚多。梧坑举人粘德纯，清乾隆间任嘉义县学教谕。他对属下生员关怀备至，亲自为他们评改文章，未尝稍懈。甚至将自己的薪俸分赠贫穷生员，以供伙食，故门人称颂他如“春风化雨”。清乾隆五十七年(1792年)，泉城粘继任由龙溪教谕调任台湾府台湾县儒学教谕。清乾隆六十年(1795年)任彰化县教谕兼训导。清同治年间，泉城粘传江挈眷渡台，“设帐于三板桥乡，讲善书于艋舺街，化及乡人，能知礼让”。时法人侵台，粘传江参加抗法斗争，“因参赞戎行，有劳功绩，即由军功保举同知衔”。此外，粘氏家族中参与台湾防汛、戍守者亦不乏其人，族谱中都留下了记录。

清乾隆末年，渡台晋江粘氏族人在台湾彰化县福兴乡建立了粘厝村。

时有粘厝埔粘粤、粘恩兄弟3人，背带祖父母及父母亲2座木主渡台。据台湾粘氏宗亲会编印的《粘氏源流渡台开基族谱》记载：“粘粤生于乾隆戊子年九月十三日，卒于嘉庆丙寅年八月二十一日，即西元1786年出生于粘厝坡(埔)，1806年卒于台湾，得年38。而弟粘恩生于乾隆庚寅乾隆三十五年十一月二十三日，卒于道光甲申年七月初三日，得年54。”又有衙口粘厝粘尚，族谱记他：“廿二世辈分‘德’，清乾隆五十三年，公元1788年41岁经商渡台，带五子一妻一家七口，顺请祖镇宅之神丁府千岁，渡台为开庄保卫之神，传有9代子孙约700人，居住彰化县福兴乡顶粘村为开基始祖，享年66岁善终。”

粘粤、粘恩、粘尚到台湾，一起选择与晋江滨海气候、环境条件相近的彰化福兴地区落脚安身，以同姓聚居互助的方式在旧浊水溪东岸垦荒拓殖，以渔、农为生，筚路蓝缕，在“风头水尾”的鹿港海边创立当年“马芝遴上下堡82庄”之一的粘厝庄。历经半世纪的经营，粘厝庄人口繁衍、土地拓展，具有一定的规模。又发展为顶粘村和厦粘村，传380余户，两村各有3000多人，并有一些族人迁移台北、高雄、屏东、花莲、台东、南投埔里、嘉义、台南县市、基隆市、台北县居住。现在全台粘姓族人已有近万人。

在台湾开拓初期，先民怀念原乡，常见用祖里地名来为新建立的村庄命名。而彰化粘厝的取名，说明粘氏开台先人在思念家乡的感情之外，还寄托着对氏族源流的铭记。

仁爱家风世代传

自古以来，粘氏一族虽然人丁不多，住居分散，然而宗亲秉承仁爱家风，世代相传，往来关系密切。

粘氏十三世粘灿，字懋昭，一字中美，号涤楼。明弘治十四年(1501年)中举，由教谕、知县选擢南京监察御史，督税两关，巡视江南北19年。屡上章疏，力除积弊，平冤狱，出罪囚，人称“粘青天”。清道光《晋江县志》记载：明代泉州有洒洲、浔美、浯洲3处盐场，盐民既纳盐课，又须纳米当民差，苦不堪言。粘灿自布衣时目睹在浔美盐场的族亲在苛税之下生活十分困苦，就有志为民呼吁。任御史时便上疏启奏，痛陈家乡“土著之民，多不聊生，壮者流离转徙，老稚死亡相继，且海滨瘠卤，稻麦少收，当兑纳盐米之时，概由外郡粮米上仓。船经大海，一遇强寇、飓风，人船俱没。盐户之害，莫此为甚”。有人劝阻他上疏，说：“南方还算安静，又在你管辖之外，何必多惹是非。”粘灿驳斥：“百姓有疾苦，台谏臣就应如实向上反映，哪分南方、北方？”他终于以恳切的疏词争得朝廷重视，减轻浔美等盐场里甲杂役。盐民受惠，十分感激，为粘灿建生祠于浔美场后蒋桥庵。每年正月十四粘灿生辰，浔、洒各催拨58人，从郡司马致祭。知府王仕俊为题匾“劝忠”。泉州名士顾珀、庄一俊为撰碑记，于碑文中称誉泉州粘氏“子弟世世相仁爱”。

台湾粘厝庄

台湾粘氏宗祠

清乾隆年间，泉州粘氏二十世粘嘉乐，经商有成，慷慨解囊，族谱记他“修谱系，建祀租，葺上世坟茔，创置小宗祠，吾宗世牒存者仅一二钞本，府君殚心竭力而修之，且镌于板以俾久远，潜美幽光赖以阐发者甚多。聿修浔美大宗，见春祭缺费，府君置业以充之。祖坟多隶旧里，侍御赠公亦反葬焉，崩圮者，府君独力修葺，不惜资费，惟谋久远。甲第巷小宗已成，而后寝未建，先府君独力构成。复以负郭良田充作素斋、奕轩二公蒸尝费。浔江大宗将颓，亦与四伯父并兄子有光、鸿书共修之。涤楼公祠荒废，阖族鸠资奠祭，府君虑其将替，乃置店屋收息以供祭费而永之。族党失祀者，设牌于大宗祠旁，置祭地数顷。使族人轮值，春祀清明，秋祀中元。甲第小宗左翼，设祀支属之无主者。

戚属不能具婚嫁者，倾囊助之，丧葬则赙焉……郡学宫将颓，尊经阁毁百余年，议修不果，府君任之，殚精极神而创置焉。且必精其工，必良其材，而不辞难为也。工未竟，旋为飓风折坏，又终成之……”他的行为成为粘氏家族中诚笃仁爱的典范。

粘氏家族历来重视祭祀祖先，由于渡台族人其祖先无人祭祀，衙口、粘厝埔粘氏族人将渡台祖伯叔的神位集中于祠堂护厝厅，逢年过节虔诚设祭。民国二十二年(1933 年)，二十五世衙口粘传仁主持修理大宗祠，得知渡台族人粘芳模祖先神主原寄施氏姻亲处，“乃集衙口诸族人相议，就大宗护厝厅原祀祖伯叔神龛内辟一处，以安置神主……并向言明留壹佰元置产收息，合原祖伯叔祀租，使族人轮值年节祭神之费，以垂永远”。

由泉地迁台的粘氏族人，继承家族“世代相仁爱”的传统，在台湾彰化县成立台湾粘氏宗亲会。1974—1982 年在彰化福兴乡顶粘村、厦粘村之间建成一座占地 480 平方米的双层楼祠堂，装饰得富丽堂皇。下层号“桓忠堂”，供奉粘氏一世祖及闽台肇基始祖；二层号“衍庆宫”，供奉开基台湾粘厝庄的粘粤、粘恩和粘尚。其《衍庆宫志》曰：“福兴为滨海之乡，聚居有顶粘厦粘二村，来自福建晋江衙口及粘厝坡……木有根、水有源，族人身世之所由来，自必追远溯源，依据粘氏大宗族谱及历史记载，系出于中国东北女真民族大金帝国宗室后裔，姓源起于 1149 年，已流传 832 年，传代三十二世矣。今族人崇仰祖德筹资立庙，孝思至嘉，扩建宗祠顶楼，爰照古制，名曰：衍庆宫，于 1981 年 10 月完成。恭迎上世远祖之灵，祈安神位，以享春秋祭祀之礼，萃涣之义，刻石纪念也。”在台湾粘氏宗祠落成典礼上，台湾大学的粘忠判教授在台湾粘氏宗祠落成祭典答台湾《联合报》专栏记者采访时说：“我们中国人，最富伦理精神，最富民族感情，我要发动扩大祭典，崇敬祖德，追思源流，同时亦要否定一句‘台湾人不是中国人’的谬论。居住在台湾的所有同胞，他们的祖先统统来自中国大陆，就血统、文化、历史、地理及风俗习惯来说，都是道道地地的中国人，中华民族的人，不容怀疑的。”台湾粘氏宗祠每年举行春、秋两次祭祖典礼。祭时，不但粘氏族人踊跃参加祭礼，在台的前清宗室毓鉴及台湾满族协会的理事长也率其他姓氏的满族人士莅临参加，长期以来成为凝聚在台族人精神认同的原乡。

不因海峡隔亲情

粘氏族亲虽然长期远隔海峡两岸，乡族亲情却不因时空阻隔而消减，台湾族胞每逢春冬祭日都隔海向西遥祭祖宗。日本侵占台湾时期，日本殖民者在台湾施以殖民教育，妄图割断台湾与大陆的血脉源流，但迁居台湾的粘姓族人，无时不记念自己的根源。民国十二年(1923 年)，鹿港粘芳模借着鹿港天后宫妈祖往福建湄洲进香的机会，转道往晋江衙口访求族谱，因年代久远，一时竟寻不到自己的支派源流。幸而路过厦门时遇见衙口族亲粘传仁，答应为他抄写一份族谱。10 年之后，粘传仁果然把一份手抄的《浔江粘氏敦业公派下家谱》寄到台湾。时当民国二十二年(1933 年)，衙口粘氏大宗祠重修，增续字行“谨遵遗训，以裕后昆，文章华国，希绍前贤”，粘传仁并抄送一份给台湾宗亲，以使日后承接。

1985 年，台湾粘氏编修《粘氏源流渡台开基族谱》，便根据当时粘芳模从大陆抄去的族谱，编入《粘氏一世祖传略》《一世祖之后裔及宗祠沿革》《浔江粘

台湾粘氏宗亲祭祖大典

氏家谱》《续编规条》《续编世代字行》《续编廷赞公派下私谱记》，使台地宗亲特别是年轻一代对于晋江祖里有更多的认识和深刻的情感。

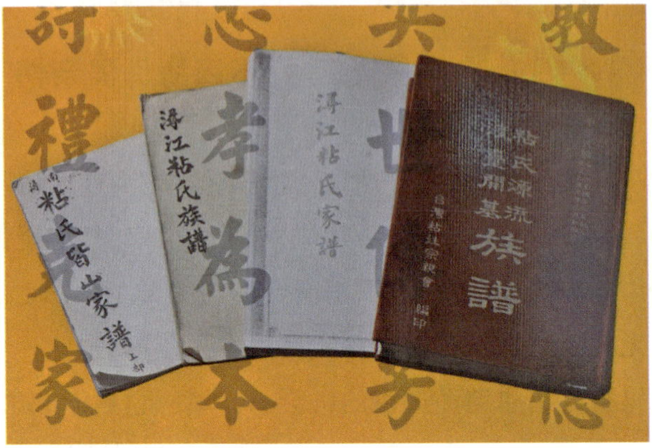

粘氏族谱资料

20世纪50年代之后，两岸阻隔，不通音信。1978年2月5日，《参考消息》报转载台湾《青年战士报》“唐山过台湾”关于粘氏台湾宗亲返籍寻谱的故事，在族人中引起很大的反响。南安梧坑旅新加坡族人粘忠清回国探亲，带来了台湾宗亲的问候。为躲避搜查，粘忠清将写着联系地址的纸条缝在皮制的腰带中带回来。恰好当时衙口旅港族人粘本初及其母郭红霞拟从香港往台湾探亲，衙口族人便嘱托他们到台湾打听台湾族人的近况。粘本初母子找到1947年从衙口往台北任教的粘忠判教授，当即带他们往彰化县福兴乡粘厝村，拜谒台湾族亲，两岸粘厝人又接上了联系。

1988年5月，台湾粘氏宗亲会会长粘火营、理事长粘虽、董事长粘发财第一次返回祖国大陆，到晋江衙口粘厝谒祖恳亲，受到祖家粘氏族人的热烈欢迎。两岸宗亲会集在衙口宗祠中，粘火营激动得老泪纵横，说：“看到大陆的宗亲就像拾到一轮月亮那样高兴。”1989年台湾粘氏宗亲会粘绪省、粘栋梁、粘忠判等人捐资修葺在永宁杨丹的八世祖墓。此后，70岁高龄的粘火营会长又多次组团来衙口谒祖，到泉州各地探望宗亲，看到衙口粘氏大宗祠破旧，便倡议两岸粘氏族人“有钱出钱，有力出力，量力而行，共修宗祠”。

粘氏宗祠于1993年6月动工翻建，1994年竣工，大部分资金来自台湾捐赠。闽台粘氏大宗祠位于晋江龙湖镇衙口村，为坐北朝南、三开间二落、单檐硬山顶建筑。该祠堂是在明代粘氏祖宅居址上建造的，历经清代、民国数次重修，1993年又按原貌落架翻建，易木柱为石柱，砖墙为石墙。双塌寿，门廊立蟠龙

晋江市龙湖镇衙口村闽台粘氏大宗祠

石柱，门墙安螭虎窗，屋脊增饰剪瓷双龙戏珠、八仙过海雕塑，厅堂梁枋、神龛隔扇皆雕镂漆金，更显得雍容华美、焕然一新。作为福建现存唯一的满族粘氏宗祠、泉州一地民族交融的历史见证，以及闽台两岸血脉相连、骨肉情深的标志，1998 年被列入第三批晋江市级文物保护单位。因为祠堂是在海峡两岸粘氏族人共同努力之下建成的，所以命名为“闽台粘氏大宗祠”。书画家溥杰特地为祠堂题写“河山衍庆”匾额。落成之日，台湾粘氏族人 200 余人组团前来参加庆典活动。

两岸交往新时代

在新的历史时期，改革开放，经济发展，人民生活水平不断提高，也促进了海峡两岸粘氏族人的交往。

从台湾彰化粘厝走出的企业家粘铭，白手起家，于 1974 年创办亿丰综合工业股份有限公司，1996 年起至 2009 年在大陆地区设立东莞泛昌、亿丰东莞、兆丰东莞、亿丰五莲等工厂，专门生产各种窗帘，逐年建起 80 余公顷的生产基地。大陆总部设在东莞常平，总公司在台中、美国、荷兰等地均有营销分

2015 年 8 月，晋江市台湾同胞联谊会专职副会长吴朝晖（前排右四）、晋江市龙湖镇粘厝埔宗长粘灯（前排右一）赴台湾彰化福兴乡顶粘村、厦粘村，与台湾粘氏乡亲商讨开展同名村活动

支，在行业中雄踞全球第三，是名副其实的“窗帘大王”。事业成功后，粘铭根据粘氏族谱的记载，到东北阿城寻根，捐资哈尔滨阿城金上京历史博物馆，助建广场、雕像、展馆，义捐文物，被授予“阿城荣誉市民”。2003年，粘铭担任彰化县粘氏宗亲会理事长，率团往晋江衙口粘氏大宗祠祭祖。次年6月出任闽台粘氏宗亲会会长，并多次组织闽台粘氏族人到阿城谒祖，参加当地举办的金源文化节。由此，闽台粘氏又联系上远在山东莱阳和河北邢台、武邑的粘氏族亲。粘铭先生在台湾建立的教育基金会，每年以数千万台币扶养彰化县的莘莘学子，在社会上赢得极大声誉。

2018年，晋台粘氏宗亲会

2009年8月，晋江、泉州、南安粘氏首次组团40余人往台湾彰化粘厝村

2013年11月，晋台宗亲参加中国闽台缘博物馆在台湾彰化县福兴乡举办的闽台粘氏历史文化巡回展览开幕式

访问，会见台湾族亲，拜谒台湾粘氏宗祠及神庙，增强了两岸粘氏的情谊。

2013年11月，晋江、泉州、南安粘氏再次组团40余人游台湾，首站到彰化县福兴乡参加闽台粘氏历史文化巡回展览开幕式。该展览由中国闽台缘博物馆组织举办，共制作了50余块图文并茂的展板，介绍了粘氏家族源流及族裔渡台历史，并介绍了满族粘氏的生活习俗、宗教信仰以及家族一脉相承的敬宗睦族、自强不息的精神。台湾粘氏也制作了“完颜阿骨打·女真族后裔粘氏在台湾”专版参加展览。在福兴乡乡长粘礼淞主持的开幕典礼上，大陆和台湾粘氏族人欢聚一堂，一起追念祖先创业历史，畅谈未来团结发展宏图，共同商议下阶段两岸联谊事宜。

东道主粘礼淞带领大陆宗亲到彰化复兴乡顶粘村、厦粘村参观。这里的民居多为单层、双层的建筑，村道畅通，村容清洁，尽管有不少村民从事剥海蛎的营生，可是村中不见海蛎壳的堆积和脏水流淌的迹象。不少人家的门口还种植着各色花草，显得十分幽雅。村口辟有一处漂亮的小公园，里头摆着3头水牛的雕像。村长指着那头拉着沉重牛车的大牯牛说，这就是咱粘氏在台地开拓的象征。之后大家又在热烈的鞭炮声中参观了顶粘村的镇兴宫、文武庙和厦粘村的宝顺宫。文武庙奉祀的“文武尊王”，即唐代反抗安禄山叛乱，死守睢阳的著

晋江市龙湖镇粘厝埔村民族文化中心

台湾彰化复兴乡顶粘村、厦粘村盛产海蛎

名忠臣张巡、许远,在闽南多见奉祀,也称为“双忠庙”。而宝顺宫、镇兴宫的主神都是“丁王爷”,即明弘治进士、晋江陈埭人丁仪,明弘治十八年(1505年)登科,先后任海宁、浦江教职,黄梅县令,松江、杭州通判,四川按察司佥事,所至恪尽职守,尤善判案折狱,时人称为“神人”,年49卒于官。百姓思之,为立庙纪念。晋江衙口立有丁王府庙,早年台湾粘厝肇基始祖从衙口丁王府庙带去香火,建庙奉祀至今。

参观之后,宗亲又举行一次聚会,共同商议下阶段两岸联谊事宜。由于行程的安排,两岸宗亲在村口依依不舍地告别了。一位台湾粘氏乡亲用风筝来比喻他们与大陆祖家的关系。她说,宗亲每一次交往,必将使这条风筝线更加坚韧牢固。

(粘良图/撰)

晋台许厝溯源流

现在台湾有“许厝埔”“许厝寮”“许厝港”的地名，尤其是鹿港许厝埔许氏族人最为集中，号称“许厝埔十二庄”，大多称来自晋江市龙湖镇石龟村瑶林世系，也有的称“蓬山”“西花”世系。

晋江市龙湖镇石龟许厝是唐末侍御史许爱入泉的开基地。许爱入泉时初居瑶林，后觉邻近的丁亭乡更利于子孙的繁衍发展，便徙居丁亭乡。传说丁亭乡有一巨石，其状如龟，乡人认为是风水石，故改丁亭为“石龟”。丁亭乡除了许氏，还是王、陈、蔡、花等杂姓聚居的地方，以后其他姓氏日趋式微或迁往他处发展，石龟遂成为许氏一姓聚居之地，成为石龟许厝。许爱因初居瑶林，为纪念

晋江市龙湖镇石龟村文化活动中心

这一历史，起灯号为“瑶林”。许爱有子三：长曰达，次曰川，三曰泮。长子、次子因徙居他处分别起灯号为“蓬山”“西花”；而三子许泮仍定居在石龟许厝，故承袭许爱所起的灯号“瑶林”。其后裔的“蓬山”“西花”因为已定居他地，自起灯号。据《泉郡许氏宗祠》提供的资料统计，沿用瑶林衍派的在原晋江县有百余村居，占 80%；在泉郡有 160 余村居，占 50%。许爱的裔孙不同时期自石龟许厝分衍出去，形成新的再迁之地，为纪念祖籍地，他们按闽南村落的命名特点，有几处命名为“许厝”。如青阳许厝(现属梅岭街道)、安海许厝埕、石狮许厝埕、泉州许厝埕、同安许厝，甚至台湾有许厝寮、许厝埔，这些都与石龟许厝有关联。

石龟许厝最早迁台的是十六世的许肆。《温陵晋邑石龟许厝许氏大宗谱》载：“公字习初，分支下厝派，子夏公、郎公、周公、后土，整支往台。”其后是明末的十九世石龟五房的许灿宗，二十世下厝房的许良文，明崇祯进士、刑部主事许吉璟等。二十二世心湖房的许育式是郑成功的军师，随郑成功到台湾，生有三子，时间大约是清顺治至康熙年间。

清廷收复台湾后，石龟许厝许氏同其他姓氏一样，大量地进入台湾。清康熙以后许氏家族渡台的至少有 110 人，时

● 晋江市龙湖镇石龟许厝家庙

间大约是清康熙至道光年间，其中二十四世 9 人、二十五世 26 人、二十六世 56 人、二十七世 15 人。因为《温陵晋邑石龟许厝许氏大宗谱》记载大体截至二十六世，关于二十七世以后的情况，只是根据《温陵晋邑石龟竹树房许氏家谱》补充的，房谱只是大宗谱一个小小的分支，如果其他房头进行修谱，二十七世以下往台人数会更多。经统计，迁台时间主要集中在清康熙至嘉庆年间，清道光以后基本就消失了。清道光至光绪甲午，台湾尚属清廷管辖，但此时乡人已转向南洋发展。直至台湾光复后又有若干随国民党军队逃亡往台的人员。

迁台路线，除了直接东渡台湾者之外，石龟竹树房天珍公派下是先往金门，后陆续迁往台湾，许吉璟是迁往澎湖的。

根据乡老口传，当时许氏迁台者从事的职业主要有 4 种：一是往来大陆和台湾之间从事贸易的，如玉湖磨间房许天宝及其子孙在鹿港开有行郊，从事贸易，并牵带乡人前往，协助大量乡人在台营生。二是因台湾文化教育水平较低，大陆士子为减少竞争，便有人冒籍在台湾参加科举考试。如二十四世许世忠于清康熙二十四年(1685 年)的武进士是在台湾考中的；许育式一房据说有 18 人业儒，在大陆无一能再上层楼，后到台湾有的就考中了举人。二十六世石龟大厝分许高密“取进彰化府学第五名，回家未几身故”。三是从事垦荒开发，这是迁台的主体，也是迁台最早的缘由。清康熙朝以后由于实行“摊丁入亩”赋税政策，户籍政策有所放松，大陆人口大增。清廷收复台湾后，台湾还有大量未开发的处女地，而本乡大部分土地已开发得所剩无几，一些无地、少地乡民纷纷迁往台湾开发垦荒，谋求发展。石龟竹树(学宗公)房去台人数较多的原因就是竹树房在石龟各房头中土地最少。在农业社会，土地是谋生的根本，为了生计就得往台，竹树房出现父子或兄弟、叔侄、堂兄弟多人，甚至整个支房往台的情况。如二十四世许朝张、许朝敬两个支房都整体迁台。四是从事其他工作，如雇员、雇工。竹树房植衍支三十二世许书助于日本侵占台湾时期渡台就是受雇为店员。日本侵占台湾时期看东房许自波曾往台湾谋生。又如竹树房三十二世许书暖、三十三世许自培 1949 年随军往台。一些房分由于迁台族人较多，在石龟许厝本村传衍的人丁稀少，香火几乎难以为继。如竹树房植乔公派下聘燧房和朝张房就是这种情况。

许氏迁台者，最初多是男性单身往台，以后出现3种情况：一是娶台湾当地女为妻。二是大陆已有妻子，又在台湾娶妻生子；或者大陆妻子已去世，娶台湾当地女为继室。三是携带妻眷迁台，这种情况在清乾隆朝就已存在，是在清政府解除往台人员不许携带家眷的禁令之前偷渡的。一些渡台人员最初从事小本生意，一旦事业有成或取得垦荒的准许就牵带乡亲、族亲前往。如许天宝及其三子、四子就牵带不少乡人前往，该房分人口现在台湾鹿港许厝埔一带已传衍2000人之多。

晋江市龙湖镇石龟许厝宝月殿，该匾由陈立夫题书

迁台者最初在开发地申请垦荒，每常聚族而居，以便互相照应，并以家乡为新垦地命名。现在台湾有“许厝埔”“许厝寮”“许厝港”的地名，尤其是鹿港许厝埔许氏族人最为集中，号称“许厝埔十二庄”。根据台湾社会学者许嘉勇先生田野调查，该许厝埔十二庄住户大多称来自晋江县石龟瑶林世系，也有的称“蓬山”“西花”世系。追根溯源，鹿港许厝埔十二庄的祖先，都是从石龟许厝村分衍的。具体分析，则是从泉州各许氏村落迁台，最早在台湾各地从事垦荒等事业。后来由于台湾是个移民社会，为了争夺地盘、饭碗，发生了多次分类械斗、族群械斗，各许氏族人为了互相照应，采取抱团发展，最后纷纷从各地聚拢来许厝埔，于是许厝埔成了许氏族人的聚居地。许氏是鹿港三大姓(施、黄、许)之一。

早期迁台者有的又回到故里终老，有的就在台湾定居、葬身台地，也有个别运骸归葬故里的。如许天宝于清嘉庆二十二年(1817年)去世后最初葬在台湾，清同治年间骸骨又归葬故里。迁台者到了第二三代，一般就在台湾繁衍下去，很少再回故乡。但他们同故乡的联系并没有间断，经常将在台湾出生的人口情况报回故乡填入祖家族谱。又从故乡带去家谱，留传给后人。另外经常派人回大陆祖家参加春冬祭祖。在1949年之前，经常有这种交往。清光绪二十一年(1895年)清廷割让台湾之前,台湾宗亲曾为石龟许厝玄天上帝宝月殿带回神轿一顶,至今仍用作该庙关帝爷的神轿。育式公房头,在台湾光复不久有一位许志兴(瑶林三十世)来家乡抄写族谱,带回台湾,并留下一把扁担。从他的名字看,是使用大陆祖家统一的昭穆用字命名的。当时还有一些族人在台湾发生动乱时回到祖籍地避难。

1949年至20世纪80年代前,石龟许厝与迁台乡亲是完全隔绝的。据说20世纪70年代秀山村有从香港往台的宗亲,在台湾遇到1949年随军去台的许自培,因乡音未改,倍感亲切而互相动问。许自培向该秀山宗亲提起其抓丁往台的身世,但最后一直没有机会回大陆,其在菲律宾的兄长许自棋对他念念不忘,也没能见上一面,令人遗憾。直到20世纪80年代后,随着海峡两岸关系的和缓,金台宗亲因经商、通婚甚至专程前来寻根谒祖者日益增多,每年都达数批次。20世纪90年代,1949年被抓丁往台的许书暖携子女回乡探亲。尽管由于年代久远,亲情阻隔,并且由于大陆的家谱因“文革”遭受毁灭性破坏,前来谒祖的金台族亲一时无法确认具体属于哪个房分的,但因为祖辈代代相传的木本水源,他们的灯号就是“瑶林”,能找到石龟瑶林祖居地,也能聊慰乡思,满足其神圣的归属感。也有其祖先并不是从石龟许厝出发,但因为相传灯号就

● 晋江市龙湖镇石龟村许肇清墓

是“瑶林”,来谒祖人员便把石龟许厝作为寻根的第一站、切入点,通过座谈了解的线索,才找到其祖先出发往台的村落和房头。可见瑶林衍派发祥地石龟许厝在台湾许氏宗亲中的知名度是很高的,也可见石龟许厝许氏家庙在许氏宗亲心目中的重要地位。2005 年,金门县前县长、金门县国民党党部书记长、金门县红十字会会长许金龙带团来访,鹿港许厝埔乡亲来访;2006 年 6 月,许钦琳带台北县许氏宗亲宗教直航恳亲访问团来访。

两地交往比较典型的有玉湖房天宝公派下裔孙。该房渡台始祖许天宝于清乾隆年间渡台,卒后葬台地,又拾骸改葬大陆。其四世孙许肇清中清光绪壬午科举人、甲午恩科武进士,赏花翎侍卫衔,许肇清奏请朝廷貤封渡台始祖许天宝为奉政大夫,并为家乡祖厅撰题一副对联:“玉山本脉龟里氏祖,湖水分流鹿溪远孙。”标明祖国大陆石龟许厝同鹿港许姓两地的木本水源关系。甲午战争后,清政府被迫割让台湾,许肇清在台湾组织领导台民奋起反抗日本占领(事载连横《台湾通史》),因缺乏支援而抵抗失败。许肇清逃回大陆家乡定居避难。其在台的三兄许肇波(武庠生)、十弟许肇灶因组织抗日,失败后被日本人抓获,于清光绪二十二年(1896 年)被折磨致死。许肇清怀着国仇家恨于清光绪二十六年(1900 年)在大陆忧郁去世,其坟墓现在许厝狮山。20 世纪 80 年代后,其在台子侄孙辈多次来石龟许厝祭墓、谒祖,并勒石以纪念。

20 世纪 80 年代,许天宝派下裔孙许逊亮(字文敏)、许志锟等来同安投资,多次来大陆谒祖、扫墓,并牵带玉湖路仔三房的在台乡亲回乡认祖。台湾许氏宗亲团体及许志锟先生等多位在台裔孙还于 2006 年为开基祖许爱公塑像入祠庆典捐款。许天宝当年在大陆娶妻陈氏,有两子:高枣、高檀。陈氏死后,又娶鹿港李氏,生高明、高凤。许天宝去世后葬在台湾,遗骨又拾葬石龟故里。高枣、高檀从台湾回来后,依其母舅居住,传现石狮厝上东店许氏百余人;高明、高凤则在台湾鹿港许厝埔牛墟许传 2000 余人。1994 年台湾许姓因修祖妈李氏墓,想把始祖许天宝骸骨迁回台湾合葬,但考虑到许天宝在大陆还有裔孙,又有原配陈氏墓茔,两地裔孙协商将始祖骸骨火化,分作两份,一份留葬大陆,一份带往台湾鹿港与李氏合葬,成为两岸交往的一段佳话。

石龟许厝村原来没有专门接待金台宗亲来访的机构,来访多由老人协会负责接待。进入 21 世纪，石龟许厝家庙组织成立泉郡石龟许氏家庙理事会，促进了宗亲的沟通联谊平台建设，也方便台胞宗亲的寻根认祖、谒祖访亲。近几年来石龟许氏家庙理事会接待的台湾宗亲逐年增加，较突出的有：2015 年，《台湾源流》主编许明镇、台中许姓宗亲会副理事长许秀夫来访，核对《彰化大城爱公派下开台祖贻胜公裔许氏家族谱》。2016 年 11 月 7 日，台湾云林县麦寮乡许渊龙一行来寻根、族谱对接，其派系为瑶林川公派下可慕支世裔景湜公渡台开基云林县麦寮(旧称“海丰港堡”)。2016 年 12 月 21 日，台湾云林县麦寮乡许乡长一行 30 多人回石龟家庙拜祖。其派系为石龟瑶林旧居派下厝支良文公裔孙分支青阳许厝，而后子孙往台，住彰化鹿港许厝埕。2018 年 2 月 9 日，台湾新竹市许氏宗亲会创会理事长、国民党中央宗教委员会委员许玉堂，新竹市许氏宗亲会会长、新竹市市长许明财一行来访，寻找渡海开台新竹始祖石龟瑶林世裔许义公的祖源。2019 年 3 月 15 日，台湾慈济大学副校长许木柱教授一行来访，成功对接族谱，其派系为石龟瑶林旧居派后东支良修公派裔(布房育献公支系)，其开台先居鹿港后迁高雄。2019 年 4 月 19 日，台湾新北市许太岳宗祠管委会许建兴主任、许智超主持一行来访，寻根认祖，其派系为石龟瑶林上井派文开公分支泉城柑舍头，而惠安许庄，再到洛江田寮村，又过

• 晋江市龙湖镇石龟许氏家庙理事会组团赴金门交流

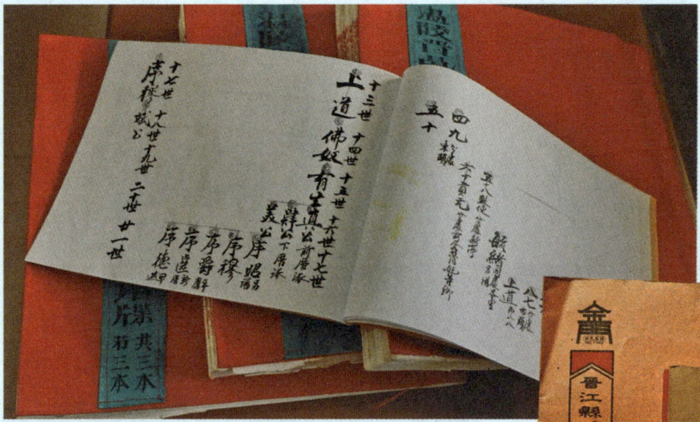

● 温陵晋邑石龟许厝许氏大宗谱

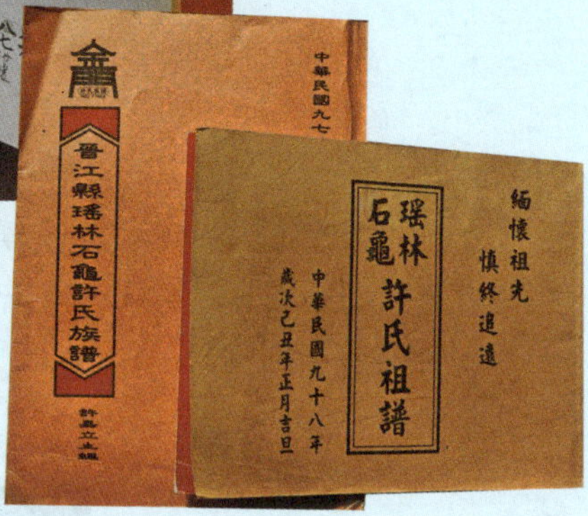

● 石龟许厝台湾族谱资料

台湾。2019 年 11 月 21 日，台湾彰化县瑶林石龟许氏宗亲会理事长许奇逢一行来访，进行族谱对接，其派系为石龟瑶林旧居派下厝支良文公世裔，子孙基本全部住台。此外，个人来访的台胞宗亲亦甚多，无法一一记述。

居住台湾的金门籍族谱专家许嘉立先生多次来石龟许厝，在许经赞、许辉煌的协助下，修成《福建晋江石龟瑶林许氏族谱》，于 1987 年初版，1992 年再版。其中玉湖房天宝公派下、石龟植乔—天珍派下两支的家谱就是在这次续上的。2006 年底，许辉煌先生修成《温陵晋邑石龟许厝许氏大宗谱》共 12 卷，从中可以找到迁台族人的有关记载。该谱是继《福建晋江石龟瑶林许氏族谱》后，金台族亲寻根谒祖的又一指南。许嘉立、许经赞、许辉煌先生厥功甚伟。由于台湾没有经历“文革”洗劫，相信台湾许氏宗亲还保存有新中国成立前带往的家谱。随着两地交流的日趋频繁，把两地的家谱进行互相补充、校正是个重要的工作。

（许良晓/撰）

安海前埔的两岸情

清乾隆年间，有晋江安海前埔人渡台谋生，定居于今新北市新庄西盛里，子孙繁衍，其居里遂称“许厝”。

晋江市安海镇前埔村，位于安海镇西北面约2公里处的内（坑）安（海）公路两侧，东北毗邻内坑镇东村、莲山美村，东边是内坑镇洋内村，西接安海镇桐林村、古田村，东边有加塘溪自北而南流经前埔地域入海。全行政村区域面积3.4平方公里，辖前埔（许厝）、郑厝、林厝、侯厝4个自然村。自来村民以务农为主，种植番薯、花生、大小麦、大豆及水稻、甘蔗。因山地瘠薄，谋生不易，历史上多有下南洋、过台湾的。现在全村人口5000余人，以许氏居多，有3000余人。前埔许厝自来雅称为“钱埔”“钱坡”，或曰“钱山”“钱里”“钱峰”。古时地属晋邑七都，民国年间属安海镇前桐保，1951年属晋江县第六区前桐乡，1952—1955年属晋江县第九区前桐乡，1961年起改安海公社前埔大队，1985年以来称安海镇前埔村。

前埔许厝自然村皆为许姓，堂号“太岳传芳”“瑶林衍派”。其开基祖十九郎许文耸是晋江石龟许厝许氏一世祖许爰的六世孙。于北宋熙宁年间由石龟瑶林赘居于晋邑七都前埔曾家，遂为前埔一世祖，至今传衍至三十世。裔孙繁多，除居留本村外，还分支海内外多地。清乾隆年间，前埔许式生携妻及两子钦英、钦居渡台谋生，定居于今新北市新庄西盛里，子孙繁衍，其居里遂称“许厝”。

晋江市安海镇前埔村许氏家庙东面的“龙井”

前埔许氏早在明万历年间（约1581—1584年）即建有两进三开间家庙一座，清顺治十年（1653年）闰六月遭兵火焚毁。迨清雍正初年重建，改为一进三开间。至清乾隆五十六年（1791年）春，遭风雨损坏，即择于次年二月兴工重新修建。至清同治十二年（1873年）又因暴雨损坏，谨择是年六月启土重建，仍复原初建时两进三开间规模。至2008年，已130余年，历经风雨侵蚀，面临倒塌之危，于是族人公议重建，宗贤及出嫁姑姐皆慷慨捐献，成立家庙重建筹委会，董承其事。谨择2009年农历二月二十四日动土兴工，在原址重建家庙，一仍原来三开间两落规制，保留原来天井四角落的聚财暗井，而增建石埕、照墙。工程于2010年告竣。重修后的家庙雕梁画栋、金碧辉煌，厅堂上挂有“开闽元勋”“文魁”“徵仕郎”等匾额。家庙东面还有“龙井”一口，常年泉源丰溥，手

晋江市安海镇前埔村许氏家庙

可掬水。

前埔许氏人才辈出，历来重视文化教育。早在清康熙年间，村中就办有私塾，由乡中文士执教。这一传统一直得到保留。到民国年间，当时任泉州培元中学校长的许锡安先生（前埔二十五世）提倡新学，从泉州聘请蔡成玉先生与本族许涵初先生创办了钱峰小学，校址设在前埔许氏家庙内，是现在建筑完善、环境优美的前埔小学的前身。

晋江市安海镇前埔村许氏族谱

许氏族人尊宗敬祖，聿念亲谊，历代修谱，保留着一部十分完备的族谱。早在宋淳祐年间，有许直、许贵二人同题祖先牌位，创立谱牒。至明景泰四年(1453年)，十三世省吾(号锴翁)复修。明万历三十八年(1610年)，由十四世肖及(号沛翁)续修并加考订。至清康熙二十三年(1684年)，十七世鼎鸣(号凤时)复修。清雍正九年(1731年)，十七世鼎珪(号恪轩)再修。清乾隆三十年(1765)，十九世遇珍(号郁斋)继修。清嘉庆三年(1798年)，二十世炳诹(号和直)重修。清道光九年(1829年)，二十世炳书续修。清咸丰九年(1859年)，二十三世涵照命男楷纯(号寿亭)复修，分族谱为3部。清宣统元年(1909年)，二十二世钟名增修，分族谱为“仁”“义”“礼”“智”“信”5部。民国二十二年(1933年)，由二十三世涵初(号家激)监修，聘请浙江瑞安修谱先生王仲华重修，用梓版刊印，仍分5部，内容多达1000多页，至1935年全谱始告成。2011年值家庙落成暨祔祧庆典，又重修一次谱牒，分为16部。由是，《钱山许氏族谱》成为泉南地区罕见的一部篇幅浩瀚、记录详备的族谱。

清乾隆年间渡台谋生的许式生，卜居台湾摆接保，土名“西盛庄”，即今新北市新庄西盛里许厝，子孙繁衍昌盛，蔚为地方望族。因其渡台之时并未带去家谱，仅就所知家族世序、辈分告知后代子孙，嘱其遵行。及至清光绪二十一年(1895年)，时当甲午战争失败、割让台湾予日本殖民者之时，台湾不少爱国人士纷纷内渡，回到大陆祖家。许式生的五世孙许寿安扶其母柩回晋江安海前埔许厝安葬。而后战事稍平，他又回到台湾，临行时抄录前埔族谱一份带去。故在台湾西盛里许厝的族亲，历来遵照祖里编订的昭穆，自十九世至二十九世使用“式钦克振家声丕承著美瑞”的讳行来命名。后来只因交通阻绝，音信不通，一水之隔，两岸族人只能望洋兴叹，望云思亲，再未聚首。

孝祖念宗、木本水源之思，本是中国人的优良传统，并不因时空的阻隔而断绝。到了 1987 年，台湾当局开放台湾人民回大陆探亲，台湾西盛里许厝许鸿彦先生即首先于 1988 年农历九月初九率队来大陆寻根。由于久未交通，人地生疏，结果找到晋江磁灶钱坡村。可是磁灶钱坡皆为苏姓。结果又找到安海可慕、东石井林，几经周折才找到“晋邑七都前埔(钱坡)许厝”祖里。查对族谱，确认无误。两岸亲人欢聚一堂，畅叙亲情，一齐到家庙叩拜列祖列宗，其乐融融。1989 年农历四月十七日，台湾许厝许鸿彦先生等 17 人复组团到晋江安海前埔许厝探亲谒祖，并查询其先辈坟茔。1990 年农历五月初二，再次组团 20 人回祖里拜谒祖庙。在查对族谱时发现，之前在清光绪年间抄录往台的族谱尚有阙误，如将二十九世昭穆“垂”字写成“瑞”字，而且后来增补的三十到三十二世辈行“裕、维、昌”也缺失。祖谱昭穆除了这套讳行(用于取名)，还有一套相应的字行(用于取字)，而且配以五行的偏旁，从十九世起至三十二世为“彬、炳、培、

晋江市安海镇前埔小学

钟、涵、楷、焕、坦、铭、泽、朴、煐、增、锐”，台湾谱也没有抄录。于是两岸宗亲经过商议，由晋江安海前埔许厝复印一份《钱山许氏族谱》交台湾西盛里许厝宗亲收存，日后台湾宗亲的辈行率可按此谱本，以俾与大陆宗亲一致。

为商讨前埔小学翻建事宜，应台湾宗亲的邀请，晋江安海前埔许著评、许文转、许荣旋等人于 2014 年 7 月前往台湾拜访渡台许氏族亲，受到台地宗亲盛情接待，并一同拜谒台北新庄西盛里许厝祠堂，共同祈愿祖国早日统一，祈愿两岸许氏子孙繁衍昌盛、互相往来，为统一祖国做出自己的贡献。

经过频繁往来，两岸宗亲建立良好的关系。台湾宗亲许鸿彦、许龙雄、许英彦、许邦彦、许硕彦、许微生、许逢时、许丕乞、许承勇等关怀祖里的发展，先后慷慨捐建晋江安海前埔小学教学楼，并以开台一世祖名字命名为“式生教学楼”；捐资油漆前埔许氏家庙，做出诸多贡献。

在与台湾西盛里许姓宗亲交往中，还有一段曲折动人的故事。1924 年出生于台湾西盛里许厝的许金地（又名许承地），家庭贫困，年少辍学，十八九岁就被日本岛田株式会社招工，到海南岛北黎当伐木工人，受尽折磨。1943 年底，太平洋战争爆发，侵华日军兵员不足，他被强迫参加日军，并改名为宫本德之。在日军新兵训练营里，天天挨打挨骂，许金地和其他被强迫征兵的台湾工

2015 年第 7 届海峡论坛两岸同名(同宗)村文化论坛合影留念

台湾许厝宗亲来到晋江市安海镇前埔村许氏家庙拜祖

友不愿为日军奴役、中国人打中国人，找到机会逃离魔穴，投往中国人民解放军广东琼崖纵队游击区，参加了反战同盟，成为两广纵队的一名战士，并加入中国共产党。后来他在大陆成家生子，由部队转到地方工作，由龙岩矿务局退休。退休后又被聘到台联贸易公司工作，为当时的对台小额贸易贡献力量。1981 年被评为全国“为社会主义建设和祖国统一大业”先进个人，到北京受到邓小平等党和国家领导人的亲切接见。1990 年，许金地托人带信到台湾寻找亲人，找到了哥哥许承恩(他也于 1942 年被日军抓到马来西亚当军夫，抗战结束后返回台湾)。得知许金地健在的消息，台湾的族亲立即组团 20 余人经香港到福州，又转到龙岩来相会。亲人相聚，悲喜交加。当时许金地的叔公拿出一本《许氏族谱》，告诉许金地及他的儿子许辉，台湾许厝的先祖在晋江安海钱坡村，希望他们有空回去祭祖。同时告诉他们，回到台湾会重新修订族谱，把在大陆生活的许金地一家补上（因族谱记载说他从台湾基隆港乘坐的这一艘轮船被飞机炸沉，生卒不详)。许金地后来曾二度前往台湾探亲，感受到亲人的热情招待。许金地于 2008 年去世后，他在福建省台湾同胞联谊会工作的儿子许辉依照父亲的遗愿，曾几次到安海前埔拜谒祖庙，会见宗亲。

前埔许氏与传播于台湾的许氏宗亲历来重视两岸的亲情，积极利用海峡百姓论坛这个平台，加强宗族间的联系。2014 年，晋江安海前埔许厝许侨联、

闽台许氏 48 郎、49 郎、50 郎源流探析研讨会

金门县安岐许氏宗亲会恳亲团来访

台湾许厝许宸杰一起参加在厦门举办的第六届海峡百姓论坛。2015 年，晋江安海前埔许厝许著评、许文转，台湾许厝许宸杰与夫人王玉琪参加在厦门举办的第七届海峡论坛“同名村心连心”交流活动，并受到原全国政协主席俞正声的亲切接见。会后两岸许厝宗亲来到晋江安海前埔许氏家庙举行拜祖仪式，并一起参观安海龙山寺及安平桥等著名的全国重点文物保护单位。2016 年第八届海峡论坛期间，两岸许厝宗亲参加会议之后，又到安海参观安平桥景区及新三里街，福建省台湾同胞联谊会、晋江市台湾同胞联谊会负责人全程陪同，并参加在许氏家庙的拜祖仪式。在 2017 年的第九届海峡百姓论坛召开之前，晋江安海前埔许厝许文转、许荣旋同泉州市台湾同胞联谊会负责人一同到厦门轮渡码头迎接台湾许厝宗亲。台湾宗亲有 10 人前来参加这次海峡之间的盛会，特别是许邦彦老先生特意带来儿子、孙子，祖孙三代一同参加这次联谊活动，得到新闻媒体的关注和广泛报道。

根据族谱记载还得知，晋江安海前埔许氏第六世四十六郎之子四十九郎于宋末元初迁居金门。清光绪三十年(1904 年)晋江安海前埔二十四世许声炎先生曾往金门后浦会见宗亲，告知其祖先迁徙的历史。到 2008 年，海峡两岸宗亲有几次交往，根据族谱“南宋德祐年间(1275—1280 年)，元兵南侵，泉郡纷

2016 年，台湾新北市新庄西盛里许厝乡亲参加海峡论坛“同名村·心连心”活动期间，参访晋江安海安平桥

乱，民生疾苦，四十八郎、四十九郎两兄弟，偕同五十郎兄弟（名许忠辅）迁居入垦金门县金宁乡山灶村，后为谋生之故，四十九郎（名许贻远）迁徙安岐，五十郎名许忠辅迁徙后浦，繁衍生息”的记录，确认金门金宁乡安岐村、后浦村许氏皆为安海前埔许厝的传裔。2018 年在台湾召开第十届海峡百姓论坛时，晋江安海前埔许文转等人和金门后岐宗亲许嘉栽等人一起参加此次盛会。频繁的接触加深了宗亲间的情谊。会后，金门即组团 30 余人到晋江安海前埔祖里谒祖访亲，两岸亲人欢聚一堂。2019 年 5 月，晋江安海前埔村许著评、许荣旋、许文转等 10 人组团往金门拜访许氏宗亲，受到宗亲的盛情接待。2019 年 6 月，金门宗亲又组团赴大陆参加第十一届海峡百姓论坛，参加福建省姓氏源流研究会许氏委员会第二届理监事就职庆典。

晋江安海前埔许氏的两岸情谊，就像那海峡之间翻腾不息的浪潮，一波接着一波，浩浩荡荡，奔涌不息。

（许文转/供稿，粘良图/整理）

梅岭许厝与云林许厝寮

清康熙年间，青阳许厝村(现属梅岭街道)大厅房四房公许连光、许远光昆仲入拓台湾云林麦寮乡许厝寮庄。

与闽南一海相隔的台湾，无论是风俗习惯，还是语言、宗教信仰都是相近的。两岸的地名更有着极为密切的历史渊源关系。台湾移民以福建厦漳泉、广东居多，泉州、漳州的移民又以晋江籍居多。据《晋江市志》载：台湾冠姓、冠籍地名共有 200 多个，其中冠姓地名 100 多个、冠籍地名 80 多个。如台湾彰化县的粘厝庄、嘉义县周氏布袋嘴、台湾云林县麦寮乡许厝寮、台湾安平古堡、屏东县恒春镇的白沙等村名，直接体现该村的姓氏结构或来源。

晋江梅岭许厝村

晋江市梅岭街道许厝村，系许厝社区 3 个自然村之一。许厝社区位于晋江市中心梅岭街道西郊，原属青阳镇，现群众仍喜沿用“青阳许厝”旧称。地形自西向东稍微倾斜，地势较为平坦，三面环山。东北面八仙山，西南面崎山(当地称“奎碧山”)，南面为罗裳山麓。二溪一圳蟠绕其间，土地殷富，素有“米粮之仓”美称。现有居民500多户,2400多人。许厝社区已建设成为一个环境优美、设施齐全、管理一流的现代居住型社区。

寻根溯源,梅岭许厝瑶林许氏后壁房、大厅房源自晋江市龙湖镇石龟许厝唐侍御公许爱一脉。据《许氏族谱》载,许爱出身官宦之家,世袭金吾大将军之衔。领兵平黄巢、王仙芝之乱有功,官拜侍御之职。唐僖宗中和年间(881—885年),随“三王”南下福建,功勋卓著,惠及万民,镇守漳泉二州五邑有功,特晋银青光禄大夫之职。居住在十七、十八都瑶林村(现龙湖镇杨林村),后又迁居在邻乡丁亭(现龙湖镇石龟许厝村)。许爱有三子:长子达公分蓬山;次子川公分浯溪(即柚花脚房之祖)、梧坑、可慕等乡;三子泮公世居瑶林石龟,灯号“瑶林衍派”(即许厝村后壁房、大厅房之祖)。1000多年来,子孙繁衍海内外。

明嘉靖年间,瑶林二十世祖芳男分支二十八都青阳附近深坑乡,即今梅岭街道许厝社区许厝村,成为梅岭许厝村瑶林许氏开基祖,至今已传至四十世孙。许厝村古时称“泉州府南门外二十八都深坑乡”,唐、宋代属晋江县永宁乡永福里,明清属二十八都,民国时期属大同乡融村保,新中国成立后曾隶属于罗山、青阳,2003年后属梅岭街道。其时的深坑乡有庄、蔡、赵、林、李、许等姓聚居。后因兵灾流疫等原因,除许姓以外的五姓日渐衰颓外迁,只留许姓及少量的林姓两姓,许厝村也因角落名代替了深坑乡名。

● 晋江市梅岭街道许厝社区融泉花都住宅区

许厝村地广田沃,水丰山青,故农业为主要产业,以水稻、地瓜、花生、大豆为主,后来才以种蔬菜为主。因为农业耕作的产出能满足村民的生活需求,人们生活相对安稳,村民很少往海外谋生,所以村里少有华侨。据老一辈

● 晋江市梅岭街道许厝祖宇

的村民说，以前有村民往南洋谋生后自觉不如家乡的生活，又返回村里了。2013 年，许厝村为响应晋江城市规划改建工程，村内所有建筑全部拆迁。2018 年春，村民回迁位于晋江长兴路的融泉花都安置房，农田耕作的生活也从此彻底离开许厝村民。现在年轻的一代都以经商、务工为主。

梅岭许厝村瑶林许氏开基祖芳男公，数代单传，至二十三世祖四一许公，生有二子。长子后壁，居后壁原祖厅；次子大厅（观音山公），居南面大厅厝，育有六子，第二、三、五、六子世居许厝。目前全村许氏族人共有 1000 多人，堂号“太岳传芳”，灯号“瑶林衍派”，昭穆辈字行“逊志经书自有文章光世德，存心孝友居然仁让振家声”。许厝始祖芳男公的墓葬在乡里后壁山，坐北看南，系双圹夫妻墓。1998 年因高科技园征地迁移观音山，坐东南向西北。二十四世祖大厅公墓葬在观音山西畔，坐东向西。每年公祀日，农历三月初一日，凡二十四世祖大厅公的裔孙结婚生子，都于当日备猪头、五味

● 烘炉崎古道石碑

菜上坟供祭。

梅岭许厝村许氏宗祠始建于清乾隆初年，历尽沧桑，久废未修。1996 年筹资 34 万元依宗祠原基重建。2013 年，宗祠因城市规划建设被拆，另选址在许厝农贸市场，年底动工建设。后壁房、大厅房与同宗柚花脚房等祖厅因城市建设，另于烘炉崎山坳择地重建 1 座祖厝，为全村许姓祭祀、节敬之所。祖厝系砖木石结构建筑，设计精心，雕梁画栋，古色古香。宗亲们商定每年农历正月十九日为晋江梅岭许厝 3 个房柱的公祭日，世代延续。

云林县麦寮乡许厝寮

云林县是台湾省下辖县，是台湾的农业大县，以种植业和养殖渔业为主。位于台湾中部，地处嘉南平原，处于彰化与嘉义两县之间。东部为古坑乡草岭，西部、南部为口湖乡外伞顶洲，北部为麦寮乡许厝寮，中部为虎尾镇虎尾寮。该县境内东西最长距离为 50 公里，南北最宽跨度为 38 公里，是台湾岛 11 个县之中唯一一个不与任何直辖市（台湾地区）相邻的县份，有朝天宫、义民庙、振文书院、湖山岩寺、拱范宫等名胜古迹。云林县是台湾岛上汉人最早开垦的地方，据《台湾通史》载：“颜思齐、郑芝龙于天启四年，在日本结盟，驾船来台，航行八日夜至台湾，入北港筑塞以居，镇抚土蕃，分汛所部耕猎。未几而绍祖死，

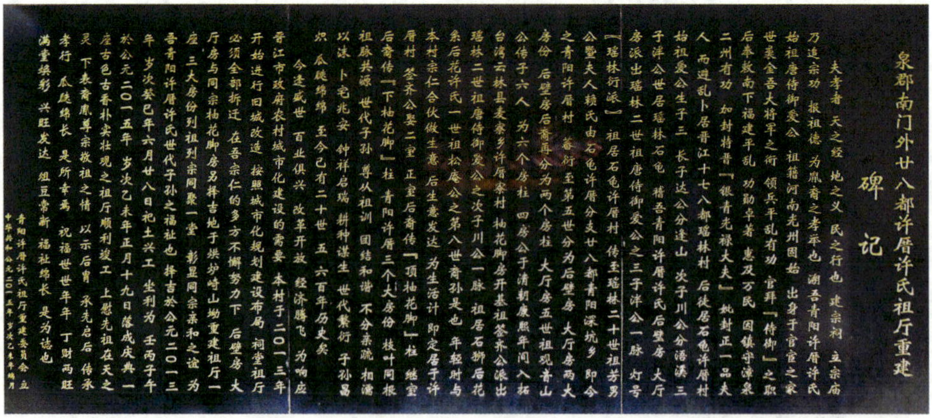

● 泉郡南门外廿八都许厝许氏祖厅重建碑记

● 台湾许氏宗亲参观晋江市梅岭街道许厝社区安居工程

芝龙昆仲多入台，漳泉无业之民亦先后至，凡三千余。”北港早时为繁荣的货物吞吐港，后因北港溪经常泛滥改道，加上河道泥沙淤积，才由盛转衰。云林县交通方便，横跨浊水溪的西螺大桥和中沙大桥，是纵贯铁路和南北高速公路上最长的大桥。

麦寮乡位于台湾云林县西北端，西滨台湾海峡，北隔浊水溪与彰化县为邻。地势平坦，以农业、渔业为主要产业。地名起源于本地早年盛产大麦与小麦，为运输方便，在渡船头旁搭一草寮，专门置放麦子，人称“麦仔寮”。后来又称为“麦寮街”，最后定名为“麦寮”。昔日为洪雅族南社及猫儿干社的活动范围，汉人最早的开发重心海丰港即位于现境内。海丰港在《台湾府志》中称为“海防港”，清雍正九年（1731 年）开为岛内贸易之所，港湾水深，商船往来络绎不绝。清乾隆中期，麦寮因新虎尾溪泛滥，街道均被毁坏的原因，形成一个渡头，与大陆贸易的货物皆由此渡头进出。近年来，由于离岛工业区、麦寮港及台塑六轻厂的设立，使本乡逐渐成为台湾的工业重镇。麦寮高中是云林县沿海七乡镇唯一的一所高中，学校学生家长大多数以务农为主。

许厝寮地处台湾西海岸，台湾浊水溪出海口北侧，属于滩涂地带。清宣统年间至日本侵占台湾初期为一个街庄，称为“许厝寮庄”，属麦寮乡。1920 年水

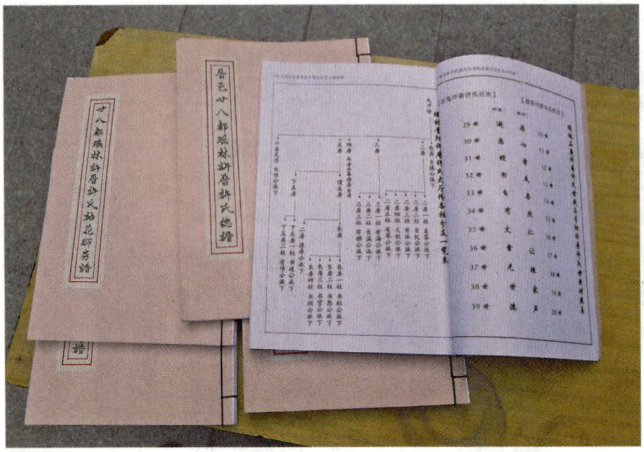

● 晋邑廿八都瑶林许厝许氏总谱

患严重，全村受灾严重，有一定经济条件的村民都外迁到城市或其他村，但大部分许姓村民仍选择留守在本地。当时负责保管族谱的宗贤也因此次灾害而随迁至台北，并带走原先整理的族谱。这本族谱源于何故存于台北资料馆，不得而知。但所幸的是，它被台湾姓氏源流研究学者许明镇发现，也使得两岸两地的宗亲得以查觅到更多线索。

据史料记载，许姓祖先从明朝末年开始陆续到台湾开基，清朝中后期是入台高峰期。福建先后有 200 余支系许姓分居台湾、金门、澎湖，许姓成为台湾的第 11 个大姓。闽南许姓入垦台湾，在族谱上记载很多。据晋江梅岭《许氏族谱》载，清康熙年间，许厝村大厅房观音山公传子 6 人，分为 6 个房柱。长房于民国初年徙居泉州大围村。四房公许连光、许远光昆仲于清康熙年间入拓台湾云林麦寮乡许厝寮庄。在《台湾许氏宗谱》《台湾地名辞书》《姓氏源流研究》《台湾百家姓考》等一些文献资料中均有许连光入台开垦的记载。

许连光一家到台湾后或因社会动荡等原因，与晋江梅岭许厝大房厅失去了联系。俗话说："水有源，树有根，人有祖。"多少年来，两岸子孙世代历经诸多波折，但从未放弃追根溯源、联系宗亲。许厝寮的村民为了纪念祖家，不但将村名称为"许厝"，而且也将海滩称为"许厝海滩"，桥称为"许厝桥"，池塘称为"许厝渔港"，路称为"许厝路""许厝东路""许厝南"等等。年轻人想要改名称，村里的长老便出面制止。他们说，这是为了纪念祖先来台湾而命名的，不能改。

● 台湾麦寮乡许厝寮宗亲组团来晋江梅岭许厝祖宇拜祖

两岸一家亲

2007 年 9 月 20 日，福建省姓氏源流研究会许氏委员会许春安会长在福州举办的首届海峡百姓族谱论坛暨闽台族谱展上，认识了台湾《姓氏杂志》主编许明镇教授。他通过许教授了解到在台北资料馆有一本族谱记载清朝康熙年间泉州人许连光、许远光兄弟入垦云林县麦寮乡许厝寮一事。这两兄弟是不是就是晋江许厝族谱上记载的徙居台湾的许氏二十六世四房人？为了使两地亲人认祖归宗，许氏宗亲积极互动，辨认相关信息。副会长许连财往台湾走访4次，梅岭许厝村组织往台湾恳亲 2 次，而麦寮乡许厝寮组团来访 3 次。

2012 年 6 月 23 日，许连财副会长往台湾高雄参加主题为“两岸同根，闽台一家”的第四届海峡百姓论坛，委托台中宗亲许义顺先生(原台中关税局副局长，现系麦寮港王永庆六轻工业园区首任海关关长)根据已掌握的线索到许厝寮了解具体情况。许义顺先生非常热心，多次到许厝寮与村长许春生及宗亲座谈，并协调两地宗亲往来活动。

● 晋台两地青阳许厝同名村宗亲座谈会

2014年6月21日，许春安会长、许连财副会长再次往台湾高雄参加第六届海峡百姓论坛。在晋江市台湾同胞联谊会、晋江市侨台外事局、梅岭街道的指导、帮助下，以此为契机，组织晋江市梅岭许厝村许氏宗亲24人到台湾云林县麦寮乡许厝寮寻找许厝大厅五世祖许连光入垦史料。通过恳亲、联谊、采访、座谈等活动，发现晋江、南安、同安等地先后有12个先祖7个支派入垦云林县麦寮乡许厝寮。繁衍至今，许姓人口已有2万多人，占该乡总人口的50%。许连光这支派在许厝寮人丁兴旺，人数已达3000多人。同时，还发现先祖许帝德系晋江市龙湖镇龙湖亭村分衍，先祖许彦恭、许彦登、许彦香系晋江市安海镇可慕村分衍，这两个支系编修的许氏家族谱十分完整，使得在查阅关于许氏入台的相关史料工作中收获不少。

● 2014年，晋江市青阳许厝村许氏宗亲恳亲团赴台交流

2015年6月15日，许连财副会长参加在厦门召开的第七届海峡论坛闽台同宗同名村文化论坛，进一步向宗亲许明镇先生了解许厝寮先祖许连光祖籍地问题。在交谈中，许明镇先生也提出个人观点，他认为早期移民到台的晋江籍乡亲，一般都自称从泉州来的，或称“泉州南门外”“泉州北门外”“泉州新门外”。世代繁衍后，移民的后代很少知道自己的祖家确切的名称，并且这些移民很少会把祖家的族谱带往台湾，这就使得寻亲之路更加波折。

2016年10月25日，梅岭许厝社区主任赖碧香女士和会长许春安先生、副会长许连财先生带着族谱再次组织人员，前往台湾寻访对接。他们走访了云林县的施厝、新吉、桥头、仑后村等许氏宗亲，了解他们先祖的祖籍地。又到麦寮乡许厝寮，在村长许春生先生的联系下，拜访了祖上也是从许厝寮迁出的宗亲许忠富先生。此次行程，经过不断地核对族谱和文献资料，终于确认晋江梅岭许厝村和台湾许厝寮同名、同宗、同姓，是血脉相连的宗亲。

2016年12月20日，由许忠富先生为团长的台湾云林县麦寮乡许厝寮许氏宗亲参访团到祖家晋江市梅岭街道许厝村认祖拜祖，并进行族谱对接。21日，许春生会长与从台湾归来的宗亲手捧寓意后嗣昌茂的喜盘，一同代表许厝寮子孙向先祖行叩拜大礼，认祖归宗。22日，又到龙湖镇石龟许氏家庙、一世祖陵园拜祖，到深沪镇运伙村拜谒明吕宋国许柴佬雕像，到金井湖厝村瑶林二世祖许泮公墓拜祖。300多年后，海峡两岸许氏子孙叩拜同一先祖，令人既感慨且欣慰。参访团在晋江的短短4天时间，邀请泉州市台湾同胞联谊会，晋江市侨台外事局、台湾同胞联谊会，梅岭街道相关部门，及福建省姓氏源流研究会许氏委员会会长、副会长，梅岭许厝村相关宗长等召开多场座谈会，还参观了梅岭许厝新建的安居工程以及五店市、八仙山公园、深沪镇运伙村等。

2017年6月，梅岭许厝村邀请云林县麦寮乡许厝寮许氏宗亲参加在厦门主办的第11届海峡论坛闽台同宗同名村文化论坛，共有麦寮乡许厝寮12名宗亲、梅岭许厝村10名宗亲参加会议，并在厦门组织宗亲联谊活动。

2019年6月16日，福建省姓氏源流研究会许氏委员会第二届理监事就职庆典大会邀请了台湾云林县麦寮乡许氏宗亲16人参加庆典活动，并参加由许氏委员会主办的同名村论坛。麦寮乡许厝寮村长许春生先生也参加了会议，

● 2016年，晋江市台湾同胞联谊会专职副会长吴朝晖（前排右三）参加台湾云林县麦寮乡许厝寮与晋江市梅岭街道许厝村同宗同名村寻根拜祖、文化交流恳亲活动，前排右四为麦寮乡乡长许忠富，前排左三为许厝寮村长许春生

● 2016年，福建省姓氏源流研究会许氏委员会代表到厦门机场迎接台湾云林县麦寮乡许氏宗亲谒祖团

并做发言。会后，参观梅岭许厝安置房——融泉小区、中航城等地，并到许厝祖厅上香拜祖。

由此可见，台湾同胞对祖国大陆渊源的认同、尊敬和怀念，即使在日本侵占台湾时期高压之下也没有轻易割断、中止或转变，也反映出两岸一家亲、中华心连心的真挚情感。

（陈聪艺/撰）

后 记

晋江与台湾一水相隔，自古以来“五缘”情深。尤其在明清时期，大量晋江人东渡海峡，前往台湾开拓垦殖，几乎每一个晋江族氏的族谱都可以发现先人渡台的记录。更有许多往台地开拓的先民因为不忘根本，将晋江祖地的村名用作在台新开拓地的村名，因此晋台两地就有了不少同名村（镇）。如安海安平——台南安平、东石镇——嘉义县东石乡、龙湖粘厝埔——彰化县福兴乡粘厝庄、罗山林口社区——新北市林口里、池店潘湖村——艋舺潘湖渡头等等。众多海峡两岸同名村，成为晋江这处台湾同胞主要祖籍地的一种特色、一个亮点。长期以来，诸多晋台同名村一直保持着密切的联系。近年来，更通过寻根谒祖、互访联谊活动，增进两岸之间亲密的亲缘关系，彰显血浓于水、两岸一家亲、海峡两岸同属一个中国的历史和法理事实。

为了把握晋台两岸同名村这个亮点，讲好晋台两岸同名村交往的故事，以进一步推动海峡两岸民众的交流，增强台湾同胞的亲切感、归属感，促进祖国和平统一大业，晋江市台湾同胞联谊会、晋江市社会科学界联合会、中共晋江市委党史和地方志研究室共同编纂出版这本《晋江·台湾同名村》。

2019 年 6 月，主编单位相关领导及人员组成编委会，讨论通过《关于编纂出版〈晋江·台湾同名村〉工作方案》，并聘请晋江文史专家粘良图担纲主撰人员，提名组建编纂团队。按编纂大纲要求，撰写的文章着重介绍同名村的起源、衍播、风物、情缘和经济社会发展情况，要求行文通俗易懂，兼具史料性、文学性和可读性。聘请福建省作家协会调研员刘志峰、晋江市文艺评论协会会长李锦秋担任特约编审。计划从 2019 年 6 月份至 12 月底组织创作人员赴晋台同名村实地采访、搜集资料、摄影，完成书稿及作品论证。

时间紧迫，任务繁重。自6月份开始，主撰人员即召集本市知名文化人士李双幼、许良晓、蔡尤资、黄鸿源、吴煜煜、高俊仁、施若凡、陈聪艺等分担采写工作。他们都谙熟地方历史，并能深入群众，掌握一手资料，顺利地完成采写。在实地采访中，得到东石白沙村老人会会长周良坦，东石镇区周其南，东石埔头村书记杨双燕，东石郭岑村杨天场、郭沧泽老人，东石型厝村老友会秘书蔡贻金，安海前埔村书记许著评，梅岭街道许厝社区书记许联财，陈埭江头村丁文裱，福建姓氏源流研究会许氏委员会原会长许春安等诸多同志的大力帮助。时当盛暑，他们与我们一见如故，并热情引导参观，热心提供家族相关资料，使我们在每一个村落的采访工作都得以顺利进行。更令人感动的是，在采访中发现东石麦园王文良、金井新市曾长源、安海前埔许文转、金井谢清源几位先生，他们都已多年从事两岸同名村的交往和对接，对于本村本族与台湾同胞密切交往的历史，他们胸中有一本明明白白的账。由他们执笔写下亲历亲见的文字，自是有血有肉、真切感人。经过编纂团队的共同努力，历时4个月，到10月底终于完成了20个同名村(镇)的文字采写工作。为了编成一本图文并茂的书籍，承蒙各同名村负责人提供了一批有珍贵史料价值的照片，并动用晋江市台湾同胞联谊会会长吴朝晖先生在台湾同胞中深厚的人脉，征集到一批台湾同名村的照片。同时又邀请晋江摄影家朱向阳、黄荣钦等协同编纂小组多日奔走于晋江各同名村，拍摄村貌、祠堂、族谱等大量相关照片，使《晋江·台湾同名村》的内容更加丰富多彩、引人瞩目。

承蒙厦门大学台湾研究院讲座教授、全国台湾研究会副会长汪毅夫先生的关怀，为本书写了一篇精彩的序言。这不仅是对我们工作的支持和鼓励，其点睛之笔，更为本书添加上最亮丽的色彩。在此特向汪先生表示衷心的感谢！

《晋江·台湾同名村》编委会

2019年12月